粤语金牌入门，看完这本就能说！

蒙丽莎◎编著

中国宇航出版社

·北京·

图书在版编目（ＣＩＰ）数据

粤语金牌入门，看完这本就能说！ / 蒙丽莎编著
. -- 北京 : 中国宇航出版社，2016.7（2024.2重印）
ISBN 978-7-5159-1142-7

Ⅰ. ①粤… Ⅱ. ①蒙… Ⅲ. ①粤语－自学参考资料
Ⅳ. ①H178

中国版本图书馆CIP数据核字（2016）第147585号

策划编辑　于　慧　　**封面设计**　宇星文化
责任编辑　刘　莹　王　雪　　**责任校对**　李光燕

出　版
发　行　中国宇航出版社

社　址　北京市阜成路 8 号　　**邮　编**　100830
（010）68768548
网　址　www.caphbook.com
经　销　新华书店
发行部　（010）68767386　　（010）68371900
（010）68767382　　（010）88100613（传真）
零售店　读者服务部
（010）68371105
承　印　三河市君旺印务有限公司
版　次　2016 年 7 月第 1 版　　2024 年 2 月第 7 次印刷
规　格　880×1230　　**开　本**　1/32
印　张　9.75　　**字　数**　260 千字
书　号　ISBN 978-7-5159-1142-7
定　价　26.80 元

前言

广东是改革开放的前沿阵地，近几十年来，随着大量港剧、电影的热播，粤语更加“引领潮流”，深入人心，粤语里的一些词汇，随着“南风北吹”在全国流行，如“埋单”“炒更”“拍拖”等。

粤语作为一种通用于珠三角地区、港澳地区的方言，体现着巨大的影响力和语言魅力。粤语中不仅很多语汇来自英语，如冧巴(number)、甫士(pose)等，也有相当数量的词汇被音译、吸收到英文中，成为新造词，影响了英语的发展和演变，如typhoon(台风)、lychee(荔枝)等。

俗话说“食在广州”，作为名副其实的美食天堂，饮早茶啊、食糖水啊，或者在约朋友聊天叙旧时饮茶，地道的粤语交流绝对不可或缺。一边与朋友聊天，一边尝遍广州美食，你一定会对那里的饮食文化有更深的认识。从日常出行上来说，如果不会粤语，出行也会非常不便。

《粤语金牌入门，看完这本就能说！》是“金牌入门”系列书中的一册，因为笔者曾从事粤语教学，对粤语爱好者在学习中的难点和困惑有清晰的把握和体会，因此本书将会结合教学经验，针对学习中的难点，采用行之有效的讲解方式，力求打造一本体系完整、贴合实际、效果可见的粤语学习入门书。相信你在认真学完本书后，一定能够达到看完这本“就能说”的目标。

本书主要特点如下。

1. 内容全面，讲解细致，符合学习规律。

许多自学的读者都是通过港剧、电影等方式接触并学习粤语的，这种方式虽然娱乐性很强，但很难完整、深入地掌握粤语。本书体系完整，以发音、单词练习、基本语法、基本句型、交流短句、情景会话的顺序编写，内容覆盖了粤语学习的所有阶段，结构设计符合语言学习规律。全书讲解细致，让你“知其然，并知其所以然”，弥补了港剧、电影等无法细化、深入学习的缺失。读者如果能好好地利用本书，即使自学也不亚于课堂上的系统学习。

2. 赠送视频，帮你聘请免费老师。

发音部分，聘请了老师录制发音视频，你可以在电脑或者手机上播放该视频，模仿老师的标准发音口型学习地道发音，认真坚持下来，你一定会学到更标准、更地道的粤语。

3. 常用基础单词，翻翻书就能查到。

单词是交流的基础，要说话，先学单词。本书第 3 章“常用单词”给出日常主题，围绕主题收集了常见的关联词，让你快速扩大单词储备量，有效提升单词力。

4. 列举常用短句，日常交流没问题。

本书第 4 章“口语化单句”部分，列举了广东人日常生活使用的十分常见的交流短句，掌握了这些，日常交流基本上不成问题。

5. 设置实际情景，任何场合都能说。

本书第 5 章“实用日常会话”部分，提供了常见生活场景中的对话范例，让你在遇到的大部分场合中，都可以运用粤语自主交流。

此外，本书还聘请地道的粤语老师，为你奉送发音、单词、单句和对话部分的标准录音，保证你的粤语说得和广东人一样流利、地道。

祝愿手捧“粤语金牌入门”的你，在学完本书后，能轻松地看懂港剧、流利地唱出粤语歌曲，在珠三角、港澳地区用粤语游刃有余地交流！

编　者

目录

第1章 粤语概况及发音

第2章 基础语法和句型

第3章 常用单词

第 4 章

口语化单句

第 5 章

实用日常会话

第 1 章

粤语概况及发音

一 粤语简介

粤语，又称白话、广东话，是汉族广府民系的母语。以珠江三角洲为分布中心，在中国的广东、广西、海南、香港、澳门，东南亚的新加坡、印度尼西亚、马来西亚、越南等，以及北美、欧洲和澳大利亚、新西兰等华人社区中广泛使用。粤语有完整的九声六调，较完美地保留了古汉语特征，拥有完善的文字系统，可以完全使用汉字(粤语字)表达，是除普通话外在外国大学有独立研究的中国汉语。

“广府文化”是中华文明的重要一脉——它是逾2000年岭南文化的本源。

一般认为，广府文化发源地源于广东肇庆，发扬地为广州、佛山，名扬于港澳地区。广州作为广府文化的中心城市，自古以来是广东省乃至岭南区域政治、经济、文化中心。在建筑、艺术、宗教、戏剧、音乐、文学、绘画、工艺、饮食、园林、风俗等各个文化领域，处处表现出悠久的历史渊源和鲜明的个性，给人以多层次、立体的和丰富的感受，使广府文化在广东各民系文化中占有优势地位。

由于广府文化在广东民系文化中的突出地位，因此，广府文化在各个领域中常被作为粤文化的代称，如广州话称为“粤语”，广州方言歌统称为“粤讴”，广州戏剧和音乐分别称为“粤剧”“粤曲”“广东音乐”，广东饮食文化体系中虽有广州菜、潮州菜、客家菜之分，但“粤菜”常用以指广州菜，广州工艺品的重要品类被称为“粤绣”“广彩”“广雕”等。

再说粤语。一个粤语音节由声母、韵母、声调三部分组成，其中韵母和声调是必不可缺的，但是声母并非必不可缺。例如 ngo^5 我、$ngoi^6$ 外、$ngeo^4$ 牛、$ngan^4$ 颜，它们均可读成：o^5、oi^6、eo^4、an^4，这种情况称为“零声母”，即把声母 ng 当成了零，直接读韵母。下面就分别讲解粤语音节中的三要素：声母、韵母与声调。

二 声母表

声母	b	p	m	f	d	t	n	l	g	k	gu
谐音	波	泼	摸	佛	的	特	呢	了	歌	科	姑
声母	ku	ng	h	j	q	x	z	c	s	y	w
谐音	哭	嗯	喝	机	七	西	姿	雌	思	衣	乌

注: 1. 大部分的粤语声母与普通话声母相同。在普通话标准拼音里，gu、ku 是拼合音节，在粤语里则是圆唇化声母，属于声母部分。另外，粤语没有翘舌音，如 r、zh、ch、sh 等。

2. h 是喉擦音，发音在喉咙处，较标准拼音的 h 发音部位要靠后一些。比如“何”，粤语发音为“ho^{4}”。

3. 当 j、q、x 遇上 z、c、s 时，j、q、x 只能用在韵母(详见韵母表)i、ü 以及以它们开头的复韵母(两个以及三个韵母)之前; z、c、s 则用在以 a、e、o、u、ê、é 以及以它们开头的复韵母之前。例如 ji^{6} 自、qu^{3} 处、$x\ddot{u}d^{3}$ 雪、za^{1} 揸、$c\acute{e}ng^{2}$ 请、$s\hat{e}ng^{1}$ 相等。

4. 粤语的两个字母 m、ng 可独立构成音节，称为自成音节，这在标准拼音中是没有的。例如 m^{4} 唔(汉语读音: wu)，ng^{5} 五。

三 韵母表

字母	谐音	字母	谐音	字母	谐音	字母	谐音	字母	谐音	字母	谐音	字母	谐音	字母	谐音
a	啊			o	哦	u	乌	i	依	ü	于	ê	e约	é	厄椰
ai	挨	ei	挨a	oi	哦哀	ui	乌威	iu	依u					éi	诶
ao	凹	eo	e凹	ou	欧							êu	厄ui		
am	安姆*	em	嗯姆					im	依因姆						
an	安	en	恩	on	哦弯	un	乌晕	in	依因	ün	晕	ên	厄乌晕		
ang	盎	eng	鞥	ong	哦安	ung	乌eng	ing	依应			êng	于央	éng	厄烟
ab	啊补	eb	厄补					ib	依补						
ad	啊的	ed	厄的	od	我	ud	乌v	id	依的	üd	雨的	êd	厄ui的		
ag	啊葛	eg	厄葛	og	我哦	ug	怄	ig	依诶			êg	约腰	ég	厄也
m	唔	ng	嗯												

* 粤语韵母的发音有很多与标准拼音不一样，为了更准确地发音，若干字音会用“汉字＋英语字母”形式表示，下划线表示连读，即先读汉字再读字母。

注：1. 韵母共有51个，一个音节一般由声母、韵母和声调组成，韵母位于声母后面。（注：韵母通常为51个，以上韵母表中出现了53个，其中m、ng是自成音节，但也可以归类为韵母。）

2. 有些粤语的韵母读音和标准拼音是一样的，比如a，ai，ao，an，ang，i，u，un，ou，ü，ün。有些则是读音相似，但是有区别，比如ei，eo，em，en，eng，eb，ed，eg。这里的e发音与标准拼音a接近，比a开口度要小，读音在标准拼音a与e之间，用喉咙发音，有震动感。音较短，发音部位较标准拼音的“e”前一点，并且发音时感觉喉咙含有东西。

3. 以m和b结尾的韵母为闭嘴音，要求连起来读出前面字母后嘴巴马上合上。以m结尾的是带有鼻音的，而以b结尾的则不单独发音，闭嘴音韵母总共有am，em，im，ab，eb，ib等6个。

4. 粤语有入声字，也就是短促音，发音很短促。由两个字母结合，并且是以b，d，g结尾，除了以b结尾的发完第一个字母后嘴巴要闭起来外，其余以d，g结尾的发完第一个字母后嘴巴不闭，并且不单独发音。

5. 韵母中出现ê，é的复韵母是为了区别ei，eo，em，en，eng，eb，ed，eg的复韵母，不是声调，以ê开头的发音也是标准拼音中所没有的。é系列里面的发音有些和标准拼音一样，有些则相近但是不一样，比如éng的发音在标准拼音eng与ian之间。

6. 韵母中虽然有些发音和标准拼音一样，但是写法则不一样，比如ung、in、éi，对应标准拼音则是ong、ing、ei。粤语中的o发音比标准拼音的o开口要大，读音也比较硬朗，以o开头的复韵母oi、on、ong，这些发音也是标准拼音没有的。

7. 韵母里的êu、ên与ui、un读音相似，前者读音比较虚、快速，一滑而过，后者比较实。

四 发音要领

1 声母

声母	谐音	发音要领
b	波	嘴自然放松闭合，发音时轻轻抿住嘴巴，发完嘴巴呈“o”形
p	泼	嘴自然放松闭合，发音时轻轻抿住嘴巴，发完嘴巴呈“o”形
m	摸	嘴自然放松闭合，发音时轻轻抿住嘴巴，发完嘴巴呈“o”形
f	佛	嘴自然放松闭合，发音时上齿轻轻叩住下唇
d	的	嘴自然放松闭合，舌尖向前轻轻抵住牙齿，发音时舌尖向后缩回
t	特	嘴自然放松闭合，舌尖向前轻轻抵住牙齿，发音时舌尖向后缩回，有轻微吐气
n	呢	嘴自然放松闭合，舌尖向前轻轻抵住牙齿，发音时舌尖向后缩回，有鼻音
l	了	嘴自然放松闭合，舌尖向前轻轻抵住牙齿，发音时舌尖向后缩回
g	歌	嘴自然放松闭合，发音时嘴角往两边做拉伸状，声音由喉咙发出
k	科	嘴自然放松闭合，发音时嘴角往两边做拉伸状，吐气发出
gu	姑	嘴自然放松闭合，发音时嘴巴微张开呈“o”形，声音由喉咙发出

续表

声母	谐音	发音要领
ku	哭	嘴自然放松闭合，发音时嘴巴微张开呈“o”形，吐气发出
ng	嗯	嘴自然放松闭合，发音时嘴巴微张开，舌尖不动，由舌根发音，往“嗯”方向发出
h	喝	嘴自然放松闭合，发音时嘴角往两边做拉伸状，吐气发出
j	机	嘴自然放松闭合，舌尖向前轻轻抵住牙齿，发音时嘴角往两边做拉伸状
q	七	嘴自然放松闭合，舌尖向前轻轻抵住牙齿，发音时嘴角往两边做拉伸状
x	西	嘴自然放松闭合，舌尖向前轻轻抵住牙齿，发音时嘴角往两边做拉伸状
z	姿	嘴自然放松闭合，舌尖向前轻轻抵住牙齿，发音时嘴角往两边做拉伸状
c	雌	嘴自然放松闭合，舌尖轻轻抵住牙齿，发音时嘴角往两边做拉伸状
s	思	嘴自然放松闭合，发音时嘴角往两边做拉伸状
y	衣	嘴自然放松闭合，发音时嘴角往两边做拉伸状
w	乌	嘴自然放松闭合，发音时嘴巴张开呈“o”形

2 韵母

韵母	谐音	发音要领
a	啊	嘴巴张大，由喉咙发出，发普通话“啊”音
ai	挨	嘴巴张大，由喉咙发出，发普通话“挨”音
ao	凹	嘴巴张大，由喉咙发出，发普通话“凹”音
am	安姆	和汉语拼音“an”发音一样，但发完“an”后嘴巴闭上，拉长有鼻音
an	安	嘴巴张大，由喉咙发出，发普通话“安”音
ang	盎	嘴巴张大，由喉咙发出，发普通话“盎”音
ab	啊补	嘴巴张大，先发“啊”音，发完嘴巴闭上，声调体现有力度的跳跃性，短促音
ad	啊的	嘴巴张大，先发“啊”音，方法与发“ab”一样，发完嘴巴不闭合，声调体现有力度的跳跃性，短促音
ag	啊葛	嘴巴张大，先发“啊”音，发音时如喉咙有东西向下压，短促音
m	唔	嘴巴闭合，由鼻子发音，鼻音厚重
ei	挨 a	嘴巴微张开，由喉咙发出，与普通话“挨 +a”音相似，音稍短促
eo	e 凹	嘴巴微张开，由喉咙发出，与普通话“凹”音相似，音稍短促
em	恩姆	嘴巴微张开，由喉咙发出，与普通话“恩姆”连读音相似，发完嘴巴闭上，有鼻音，音稍短促
en	恩	嘴巴微张开，由喉咙发出，发音介于汉语拼音“an”与“en”之间

续表

韵母	谐音	发音要领
eng	鞥	嘴巴微张开，由喉咙发出，发音介于汉语拼音“ang”与“eng”之间
eb	厄补	嘴巴微张开，先发“厄”音，发完嘴巴合起来，声调体现有力度的跳跃性，短促音，与上面的“ab”发音类似
ed	厄的	嘴巴微张开，先发“厄”音，具体参考上面韵母讲解，方法与发“eb”一样，发完嘴巴不闭合，声调体现有力度的跳跃性，短促音
eg	厄葛	嘴巴微张开，先发“厄”音，发音时如喉咙有东西向下压，方法与发“ag”一样，声调体现有力度的跳跃性，短促音
ng	嗯	嘴自然放松闭合，发音时嘴巴微张开，舌尖不动，由舌根发音，往“嗯”方向发出
o	哦	嘴巴呈圆形，舌头自然放松，发音时舌头不动，由喉咙发出，可以用手触摸喉咙部位，有震动感即对，发普通话“哦”音
oi	哦哀	嘴巴自然放松闭合，将汉语拼音“o”与“ai”的音连起来，形成一个音节“oai”
ou	欧	嘴巴自然放松闭合，发音时，嘴巴呈“o”形，发“欧”音
on	哦弯	嘴巴自然放松闭合，发音时嘴巴呈“o”形，发音和英文“on”一样，粤语取第一声
ong	哦安	嘴巴张大，音由喉咙发出，发英文“hong”的音
od	我	嘴巴呈“o”形，发汉语拼音“u+o”音
og	我哦	嘴巴呈“o”形，口形不动，由喉咙发音，与“od”发音相似，音为短促音
u	乌	嘴巴自然放松闭合，发音时嘴巴嘟起，发“乌”音
ui	乌威	嘴巴自然放松闭合，发音时嘴巴嘟起，与汉语拼音“ui”同音

续表

韵母	谐音	发音要领
un	乌晕	嘴巴自然放松闭合，发音时嘴巴嘟起，发“乌晕”的连音
ung	乌 eng	嘴巴自然放松闭合，发音时嘴巴呈“o”形与汉语拼音“ong”发音相同
ud	乌 v	嘴巴自然放松闭合，发音时嘴巴嘟起，发“乌”音，发完“乌”音后，嘴角向两边拉伸，成微笑状，同时发“v”音，音短促
ug	怄	嘴巴自然放松闭合，发音时嘴巴呈“o”形，音由喉咙发出，类似汉字“怄”音，音短促有力
i	依	嘴巴自然放松闭合，发音时，嘴角向两边拉伸，发出“依”音
iu	依 u	嘴巴自然放松闭合，发音时，嘴角向两边拉伸，先发“依”音，后发英文“u”音，把两个音节连起来即可
im	依因姆	嘴巴自然放松闭合，发音时，嘴角向两边拉伸，发“依”音的同时，嘴巴闭上，有鼻音
in	依因	嘴巴自然放松闭合，发音时，嘴角向两边拉伸，往“依”音方向发出，发音方法与“im”一样，区别在于不闭嘴，没有鼻音
ing	依应	嘴巴自然放松闭合，发音时嘴巴稍微张开，音由喉咙发出，发英文“in”音，粤语取第一声
ib	依补	嘴巴自然放松闭合，先发“依”音，发完后嘴巴闭上，音短促
id	依的	嘴巴自然放松闭合，先发“依”音，嘴巴不动，音稍微往前收
ig	依诶	嘴巴自然放松闭合，先发“依”音，发完音往前收，为短促音

续表

韵母	谐音	发音要领
ü	于	嘴巴自然放松闭合，发音时嘴巴嘟起，发普通话“于”音，取第一声
ün	晕	嘴巴自然放松闭合，发音时嘴巴嘟起，发普通话“晕”音
üd	雨的	嘴巴自然放松闭合，发音时嘴巴嘟起，先发普通话“雨”音，同时嘴角向两边拉伸，音短促
ê	e约	嘴巴微张呈“o”形，是汉语拼音“e”+普通话“约”音的连读
êu	厄ui	嘴巴微张呈“o”形，先发汉语拼音“e”音，后发汉语拼音“ui”音，两个音节连起来读即可
ên	厄乌晕	嘴巴微张呈“o”形，先发汉语拼音“e”，再发粤语韵母“un”，两个音节连起来读即可
êng	于央	嘴巴微张呈“o”形，由喉咙发出，先发普通话“于”音，后发普通话“央”音，两个音节连起来读即可
êd	厄ui的	嘴巴微张呈“o”形，发音类似“êu”音，区别在于“êd”为短促音
êg	约腰	嘴巴微张呈“o”形，先发普通话“约”音，后发普通话“腰”音，两个音节连起来读即可
é	厄椰	嘴巴自然放松闭合，发音时，嘴巴微张，嘴角向两边拉伸，舌头向下压，先发“厄”再发“椰”，两个音连起来读即可
éi	诶	嘴巴自然放松闭合，发音时，嘴巴微张，嘴角向两边拉伸，舌头向下压，发汉语拼音“ei”音
éng	厄烟	嘴巴自然放松闭合，发音时，嘴巴微张，嘴角向两边拉伸，舌头向下压，是“厄烟”两个音节的连音
ég	厄也	嘴巴自然放松闭合，发音时，嘴巴微张，嘴角向两边拉伸，舌头向下压，发音方法与“é”一样，该音短促

五 声调

传统上，粤语有 9 个声调，后来为了简便，改为 6 个。

声调	调号	拼音	例字	调号示意图
第一声	阴平	yi^{1}	依	→
第二声	阴上	yi^{2}	椅	↗
第三声	阴去	yi^{3}	意	→
第四声	阳平	yi^{4}	移	↘
第五声	阳上	yi^{5}	以	↗
第六声	阳去	yi^{6}	易	→

注：1. 粤语的第一声与普通话的第一声相同。

2. 粤语的第二声、第五声与普通话的第二声相同，粤语第二声较于第五声起音高一点，发音趋势与普通话第二声一样，音调向上走。

3. 粤语的第三声与第六声在普通话里没有相近的调值，按照普通话方式来讲，它们在第一声和第三声之间，但是发音偏向普通话第三声。

4. 粤语的第四声与普通话的第三声近似。发音取于普通话第三声的前半部分。

总体来说，和普通话一样，粤语也有变调，有时同一个字的读音与其在一句话里面读音会不一样，以“下”为例，“ha^{4}”是本音，但在一句话里面，如“俾我睇下”(让我看一下)中，“下”读“ha^{2}”，这样便于发音。

任何一个普通话中的字都有相应的粤语字。但粤语字有书面语和口语之分。书面语就是普通话直接对应的那个读音，即原型，口语则是经过“变形”得出。比如“声”有两个读音分别是“xing^{1}”“séng^{1}”。韵母 ing

变 éng 的过程就是书面语变口语。在“声音”里面读“xing^1”，而在“唔好咁大声”（不要这么大声）中读“séng^1”。除了“声”字外还有听、青、请、名等字。但是也有发音不变的，比如：“姓”“星”等只有 ing 的读音。专有名词也只读 ing，比如“我的名字叫小星”，“小星”是专有名词，在粤语中的发音就是“xiu^2 xing^1”。

六 粤语拼音

韵母	声母	声调及例字	
a	y	ya^{1}	呀
ai	d	dai^{3}	带
ao	g	gao^{3}	教
am	s	sam^{1}	衫
an	s	san^{1}	山
ang	c	cang^{3}	撑
ab	ng	ngab^{3}	鸭
ad	ng	ngad^{3}	押
ag	h	hag	客
ei	b	bei^{3}	闭
eo	g	geo^{3}	够
em	s	sem^{1}	心
en	s	sen^{1}	身
eng	d	deng^{3}	凳
eb	g	geb^{1}	急
ed	b	bed^{1}	不
eg	d	deg^{1}	得
o	b	bo^{1}	玻
oi	ng	ngoi^{6}	外
ou	ng	ngou^{6}	澳

续表

韵母	声母	声调及例字	
on	h	hon^{3}	看
ong	h	hong^{1}	康
od	h	hod^{6}	渴
og	h	hog^{6}	学
u	f	fu^{1}	肤
ui	b	bui^{1}	杯
un	b	bun^{3}	半
ung	t	tung^{3}	痛
ud	w	wud^{3}	活
ug	z	zug^{1}	祝
i	y	yi^{1}	依
iu	y	yiu^{1}	腰
im	y	yim^{1}	淹
in	y	yin^{1}	烟
ing	y	ying^{1}	英
ib	y	yib^{3}	叶
id	y	yid^{3}	热
ig	y	yig^{1}	益
ü	y	yu^{1}	于
ün	y	yun^{1}	冤
üd	y	yud^{3}	月
ê	h	hê^{1}	靴

续表

韵母	声母	声调及例字	
êu	h	hêu3	去
ên	c	cên1	春
êng	h	hêng1	香
êd	c	cêd1	出
êg	z	zêg3	着
é	c	cé1	车
éi	f	féi1	非
éng	b	béng3	病
ég	t	tég3	踢

七 难读声母

Track 1-07

ng

1 看视频学发音

2 拼音汉字助发音

粤语声母	ng
拼音标音	eng
汉字标音	嗯

重点提示

此声母在标准拼音里面是没有的。发音时嘴巴微张开，舌尖不动，由舌根上颚发音，往“嗯”方向发出。

3 读生词练发音

牛奶	牛奶	我们	我哋
粤拼	ngeo4nai2	粤拼	ngo5déi4
谐音	袄 奶	谐音	哦 逮
肚子饿	肚饿	音乐	音乐
粤拼	tou2ngo6	粤拼	yem1ngog6
谐音	头 哦	谐音	央 哦
岩石	岩石	颜色	颜色
粤拼	ngam4ség6	粤拼	ngan4xig1
谐音	俺 写	谐音	俺 西

gu

1 看视频学发音

重点提示

标准拼音里面的 gu 不是一个整体，而是由声母和韵母拼合而成。粤拼里面为了发音不偏离可按照标准拼音的方式去拼读。发音时嘴巴微张开呈“o”形。

2 拼音汉字助发音

粤语声母	gu
拼音标音	gu
谐音	姑

3 读生词练发音

想念	挂住	骨髓	骨髓
粤拼	gua^{3}ju^6	粤拼	gued^{1}sui^3
谐音	寡 举	谐音	瓜 髓
季节	季节	军人	军人
粤拼	guei^{3}jid^3	粤拼	guen^{1}yen^4
谐音	拐 解	谐音	关 养
光棍	光棍	光线	光线
粤拼	guong^{1}guen^3	粤拼	guong^{1}xin^3
谐音	光 馆	谐音	光 醒
广州	广州	国家	国家
粤拼	guong^{2}zeo^1	粤拼	guog^{3}ga^1
谐音	广 遭	谐音	果 嘎

ku

1 看视频学发音

重点提示

2 拼音汉字助发音

粤语声母	ku
拼音标音	ku
谐音	哭

标准拼音里面的 ku 不是一个整体，而是由声母和韵母拼合而成。粤拼里为了发音不偏离可按照标准拼音方式去拼读。发音时嘴巴微张开呈“o”形，需要吐气。

3 读生词练发音

葵花	葵花	细菌	细菌
粤拼	kuei4fa1	粤拼	sei3kuen2
谐音	快 发	谐音	赛 款
扩展	扩展	狂欢	狂欢
粤拼	kuog3jin2	粤拼	kuong4fun1
谐音	扩哦 紧	谐音	款 分温
相框	相框	群众	群众
粤拼	sêng3kuang1	粤拼	kuen4zung3
谐音	想 框	谐音	款 总
夸张	夸张	昆明	昆明
粤拼	kua1zêng1	粤拼	kuen1ming4
谐音	夸将	谐音	框 敏

八 难读韵母

Track 1-08

a

1 看视频学发音

重点提示

嘴巴张大，音由喉咙发出，与普通话“啊”音相同。

2 拼音汉字助发音

粤语韵母	a
拼音标音	a
谐音	啊

3 读生词练发音

呀	呀	打	打
粤拼	ya1	粤拼	da2
谐音	呀	谐音	达
啦	啦	话	话
粤拼	la1	粤拼	wa6
谐音	啦	谐音	瓦
揸	揸	趴	趴
粤拼	za1	粤拼	pa1
谐音	扎	谐音	趴

ai

1 看视频学发音

重点提示

嘴巴张大，音由喉咙发出。与普通话“挨”音相同。

2 拼音汉字助发音

粤语韵母	ai
拼音标音	ai
谐音	挨

3 读生词练发音

排队	排队	挨着	挨住
粤拼	pai4dêu2	粤拼	ai1ju6
谐音	排 队	谐音	挨 举
大学	大学	解释	解释
粤拼	dai6hog6	粤拼	gai2xig1
谐音	逮 火	谐音	该 西
猜谜	猜谜	踩踏	踩踏
粤拼	cai1mei4	粤拼	cai2dab6
谐音	猜 买	谐音	才 打补
带领	带领	买卖	买卖
粤拼	dai3ling5	粤拼	mai5mai6
谐音	逮 灵	谐音	埋 买

ei

1 看视频学发音

2 拼音汉字助发音

粤语韵母	ei
拼音标音	ei
汉字标音	挨a

重点提示

接近普通话“挨”的发音，准确地说是发音介于 ai 和 ei 之间。音由喉咙发出，稍微短促。

3 读生词练发音

高矮	高矮	看见	睇见
粤拼	gou^{1}ngei^{2}	粤拼	tei^{2}gin^{3}
谐音	勾 癌	谐音	台 紧
洗手	洗手	弟弟	弟弟
粤拼	sei^{2}seo^{2}	粤拼	dei^{6}dei^{2}
谐音	塞 扫	谐音	逮 逮
提问	提问	买米	买米
粤拼	tei^{4}men^{6}	粤拼	mai^{5}mei^{2}
谐音	台 满	谐音	埋 没
思维	思维	美丽	美丽
粤拼	xi^{1}wei^{4}	粤拼	méi^{5}lei^{6}
谐音	西 歲	谐音	没 来

ao

1 看视频学发音

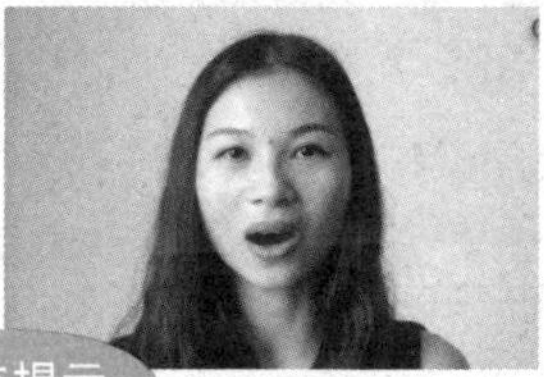

重点提示

嘴巴张大，发普通话“凹”音，由喉咙发出。

2 拼音汉字助发音

粤语韵母	ao
拼音标音	ao
谐音	凹

3 读生词练发音

依靠	依靠	相貌	相貌
粤拼	yi^{1}kao^{3}	粤拼	sêng^{3}mao^{6}
谐音	依 考	谐音	想 铆
寻找	寻找	搞笑	搞笑
粤拼	cem^{4}zao^{2}	粤拼	gao^{2}xiu^{3}
谐音	陈 凿	谐音	搞 朽
稍等	稍等	考试	考试
粤拼	sao^{1}deng^{2}	粤拼	hao^{2}xi^{3}
谐音	搔 挡	谐音	豪 喜
炒菜	炒餸	教育	教育
粤拼	cao^{2}sung^{3}	粤拼	gao^{3}yug^{6}
谐音	曹 怂	谐音	稿 有

eo

1 看视频学发音

重点提示

接近普通话“凹”的发音，准确地说是发音介于 ao 和 ou 间。音由喉咙发出，稍微短促。

2 拼音汉字助发音

粤语韵母	eo
拼音标音	e+ao
谐音	e凹

3 读生词练发音

小狗	狗仔	喝酒	饮酒
粤拼	geo2zai2	粤拼	yem2zeo2
谐音	稿 仔	谐音	阳姆 凿
休息	休息	贸易	贸易
粤拼	yeo1xig1	粤拼	meo6yig6
谐音	腰 西	谐音	铆 以
救命	救命	后天	后日
粤拼	geo3méng6	粤拼	heo6yed6
谐音	搞 免	谐音	好 雅的
出走	出走	欧洲	欧洲
粤拼	cêd1zeo2	粤拼	ngeo1zeo1
谐音	吹 凿	谐音	凹 遭

am

1 看视频学发音

重点提示

和标准拼音 an 发音一样，发完嘴巴闭起，有鼻音。

2 拼音汉字助发音

粤语韵母	am
拼音标音	am
谐音	安姆

3 读生词练发音

衬衫	衬衫	男人	男人
粤拼	cen3sam1	粤拼	nam4yen2
谐音	衬 三姆	谐音	男姆 阳
监督	监督	抱着	揽住
粤拼	gam1dug1	粤拼	lam5ju6
谐音	干姆 嘟	谐音	蓝姆 举
刚刚	啱啱	参加	参加
粤拼	ngam1ngam1	粤拼	cam1ga1
谐音	安姆 安姆	谐音	参姆 嘎
三十	三十	蓝色	蓝色
粤拼	sam1seb6	粤拼	lam4xig1
谐音	三姆 撒补	谐音	懒姆 西

em

1 看视频学发音

2 拼音汉字助发音

粤语韵母	em
拼音标音	an
谐音	嗯姆

重点提示

嘴巴微张开，由喉咙发出，和标准拼音 an 发音相似，介于安嗯和嗯姆之间，有鼻音。

3 读生词练发音

侵略	侵略	浸会大学	浸会大学
粤拼	cem1lêg6	粤拼	zem3wui5dai6hog6
谐音	参姆 了月	谐音	阵姆 维 逮 火哦
深度	深度	树林	树林
粤拼	sem1dou4	粤拼	xu6lem4
谐音	三姆 抖	谐音	许 懒姆
金色	金色	饮料	饮料
粤拼	gem1xig1	粤拼	yem2liu6
谐音	干姆 西	谐音	杨姆 柳
想着	谂住	浇灭	淋息
粤拼	nem2ju6	粤拼	lem4xig1
谐音	栏姆 举	谐音	冷姆 西

an

1 看视频学发音

重点提示

嘴巴张大，发普通话“安”音，由喉咙发出。

2 拼音汉字助发音

粤语韵母	an
拼音标音	an
谐音	安

3 读生词练发音

慢点	慢啲	爬山	行山
粤拼	man^{6}did^{1}	粤拼	hang^{4}san^{1}
谐音	满 低	谐音	喊 三
还钱	还钱	赞赏	赞赏
粤拼	wan^{4}qin^{2}	粤拼	zan^{3}sêng^{2}
谐音	晚 琴	谐音	攒 翔
简单	简单	餐厅	餐厅
粤拼	gan^{2}dan^{1}	粤拼	can^{1}téng^{1}
谐音	赶 单	谐音	餐 天
偶尔	间中	休闲	休闲
粤拼	gan^{3}zung^{1}	粤拼	yeo^{1}han^{4}
谐音	赶 宗	谐音	腰 喊

en

1 看视频学发音

重点提示

嘴巴微张开，和标准拼音 an 发音几乎相同，音稍加修饰，介于 an 和 en 之间。由喉咙发出。

2 拼音汉字助发音

粤语韵母	en
拼音标音	en
谐音	恩

3 读生词练发音

身体	身体	白云	白云
粤拼	sen1tei2	粤拼	bag6wen4
谐音	森 台	谐音	把 晚
问题	问题	银行	银行
粤拼	men6tei4	粤拼	ngen4hong4
谐音	满 台	谐音	俺 喊
睡觉	瞓觉	亲近	亲近
粤拼	fen3gao3	粤拼	cen1gen6
谐音	反 搞	谐音	餐 赶
新闻	新闻	因为	因为
粤拼	sen1men4	粤拼	yen1wei4
谐音	森 满	谐音	央 葳

ang

1 看视频学发音

重点提示

嘴巴张大，发普通话“盎”音，由喉咙发出。

2 拼音汉字助发音

粤语韵母	ang
拼音标音	ang
谐音	盎

3 读生词练发音

逛街	行街	毛衣	冷杉
粤拼	hang4gai1	粤拼	lang1sam1
谐音	啈 该	谐音	狼(1声) 三姆
生意	生意	先生	先生
粤拼	sang1yi3	粤拼	xin1sang1
谐音	三 以	谐音	新 三
烹饪	烹饪	硬朗	硬朗
粤拼	pang1yem6	粤拼	ngang6long5
谐音	乒 养姆	谐音	俺 狼
罂粟	罂粟	澎湃	澎湃
粤拼	ngang1sug1	粤拼	pang4pai3
谐音	盎 斯勿喔	谐音	滂 排

eng

1 看视频学发音

重点提示

嘴巴微张开，和标准拼音 ang 发音几乎相同，稍加修饰，介于 ang 和 eng 之间。

2 拼音汉字助发音

粤语韵母	eng
拼音标音	eng
谐音	鞥

3 读生词练发音

行李	行李	幸福	幸福
粤拼	heng^{4}léi^{5}	粤拼	heng^{4}fug^{1}
谐音	喊 雷	谐音	喊 副勿怄
财运亨通	财运亨通	永恒	永恒
粤拼	coi^{4}wen^{6}heng^{1}tung^{1}	粤拼	wing^{5}heng^{4}
谐音	雎欧哀 晚 憨 通	谐音	文应 很
更新	更新	旅行	旅行
粤拼	geng^{1}sen^{1}	粤拼	lêu^{5}heng^{4}
谐音	更 三	谐音	驴累 喊
等待	等待	朋友	朋友
粤拼	deng^{2}doi^{6}	粤拼	peng^{4}yeo^{5}
谐音	挡 逮	谐音	胖 姚

ab

1 看视频学发音

重点提示

嘴巴张大，先发“啊”音，发完嘴巴闭上。声调体现有力度的跳跃性，短促音。

2 拼音汉字助发音

粤语韵母	ab
拼音标音	ab
谐音	啊补

3 读生词练发音

蜡烛	蜡烛
粤拼	lab^{6}zug^{1}
谐音	蜡补 住乌
杂志	杂志
粤拼	zab^{6}ji^{3}
谐音	咋补 几
夹菜	夹餸
粤拼	gab^{6}sung^{4}
谐音	嘎补 怂
垃圾	垃圾
粤拼	lab^{6}sab^{3}
谐音	啦补 洒补

习惯	习惯
粤拼	zab^{6}guan^{3}
谐音	咋补 馆
鸭肉	鸭肉
粤拼	ngab^{3}yug^{6}
谐音	啊补 有补
搭车	搭车
粤拼	dab^{3}cé^{1}
谐音	打补 切
宝塔	宝塔
粤拼	bou^{2}tab^{3}
谐音	补偶 塔补

eb

1 看视频学发音

2 拼音汉字助发音

粤语韵母	eb
拼音标音	eb
谐音	厄补

重点提示

嘴巴微张开，先发“厄”音，然后嘴巴合起来，声调体现有力度的跳跃性，短促音，与前面的“ab”发音类似。发音在标准拼音 a 和 e 之间。

3 读生词练发音

心急	心急	立正	立正
粤拼	sem1geb1	粤拼	leb6jing3
谐音	三姆 嘎补	谐音	喇补 颈
乳鸽	乳鸽	湿漉漉	湿立立
粤拼	yu2geb6	粤拼	seb1leb6leb6
谐音	于 嘎补	谐音	沙补 啦补 啦补
凹凸	凹凸	进来	入嚟
粤拼	leb1ded6	粤拼	yeb6lei4
谐音	啦补 打补	谐音	呀补 来
倒闭	执笠	果汁	果汁
粤拼	zeb1leb1	粤拼	guo2zeb1
谐音	扎补 啦补	谐音	果 扎补

ad

1 看视频学发音

重点提示

嘴巴张大，先发“啊”音，方法与发“ab”一样，发完嘴巴不闭合。声调体现有力度的跳跃性，短促音。

2 拼音汉字助发音

粤语韵母	ad
拼音标音	ad
谐音	啊的

3 读生词练发音

押金	押金
粤拼	ngad³gem¹
谐音	啊的 干姆
挖掘	挖掘
粤拼	wad³gued³
谐音	哇的 寡的
头发	头发
粤拼	teo⁴fad³
谐音	讨 法的
警察	警察
粤拼	ging²cad³
谐音	颈 擦的

发达	发达
粤拼	fad³dad³
谐音	发的 打的
察觉	察觉
粤拼	cad³gog⁶
谐音	擦的 歌哦的
扎实	扎实
粤拼	zad³sed³
谐音	咋的 撒的
擦桌	抹台
粤拼	mad³toi²
谐音	码的 台

ed

1 看视频学发音

重点提示

嘴巴微张开，先发“厄”音，主音在标准拼音 a 和 e 之间，方法与发“ad”同样，发完嘴巴不闭合，声调体现有力度的跳跃性，短促音。

2 拼音汉字助发音

粤语韵母	ed
拼音标音	ed
谐音	厄的

3 读生词练发音

突然	突然
粤拼	ded6yin4
谐音	打的 饮

油漆	油漆
粤拼	yeo4ced1
谐音	咬 擦的

咳嗽	咳嗽
粤拼	ked1seo3
谐音	卡的 擞

素质	质素
粤拼	zed1sou3
谐音	扎的 擞

礼物	礼物
粤拼	lei2med4
谐音	来 码的

办公室	办公室
粤拼	ban6gung1sed1
谐音	版 公 沙的

铅笔	铅笔
粤拼	yun4bed1
谐音	允 把的

佛祖	佛祖
粤拼	fed6zou2
谐音	法的 走(2声)

ag

1 看视频学发音

重点提示

嘴巴张大，先发“啊”音，方法与“ad”同样，g 音轻发，发音时如喉咙有东西向下压。与声母相拼时 g 不发音。声调体现有力度的跳跃性，音短促。

2 拼音汉字助发音

粤语韵母	ag
拼音标音	a+g
谐音	啊葛

3 读生词练发音

客人	客人	扼杀	扼杀
粤拼	hag³yen⁴	粤拼	ngag¹sad³
谐音	哈葛 养	谐音	啊葛 撒的
恐吓	恐吓	伯伯	伯伯
粤拼	hung²hag³	粤拼	bag⁶bag⁶
谐音	红 哈葛	谐音	把葛 把葛
拆迁	拆迁	谈恋爱	拍拖
粤拼	cag³qin¹	粤拼	pag³to¹
谐音	擦葛 亲	谐音	爬葛 拖
黑板	黑板	晚上	晚黑
粤拼	hag¹ban¹	粤拼	man⁵hag¹
谐音	哈葛 板	谐音	蛮 哈葛

eg

1 看视频学发音

重点提示

嘴巴微张开，先发“厄”音，方法与“ag”相同，发音时喉咙如有东西向下压。声调体现有力度的跳跃性，短促音。

2 拼音汉字助发音

粤语韵母	eg
拼音标音	eg
谐音	厄葛

3 读生词练发音

不行	唔得
粤拼	m^4deg^1
谐音	唔 搭

克服	克服
粤拼	heg^1fug^6
谐音	哈 府

幽默	幽默
粤拼	yeo^1meg^6
谐音	腰 码

特别	特别
粤拼	deg^6bid^6
谐音	打 比

厄运	厄运
粤拼	$ngeg^1wen^6$
谐音	啊 晚

品德	品德
粤拼	ben^2deg^1
谐音	本 搭

墨水	墨水
粤拼	$meg^6s\hat{e}u^2$
谐音	码 谁

勒索	勒索
粤拼	leg^6sog^3
谐音	喇 索哦

o

1 看视频学发音

重点提示

嘴巴呈圆形，舌头自然放松，发普通话“哦”音，发音时舌头不动，由喉咙发出。可以用手触摸喉咙部位，有震动感即是。

2 拼音汉字助发音

粤语韵母	o
拼音标音	o
谐音	哦

3 读生词练发音

我们	我哋
粤拼	ngo5déi4
谐音	哦 的诶

座位	座位
粤拼	zo6wei2
谐音	姿哦 崴

错误	错误
粤拼	co3ng6
谐音	雌哦 唔

拿着	攞住
粤拼	lo2ju6
谐音	了哦 举

坐下	坐低
粤拼	co5dei1
谐音	雌哦 呆

蔬菜	蔬菜
粤拼	so1coi3
谐音	思哦哀 雌哦哀

老婆	老婆
粤拼	lou5po4
谐音	楼 婆哦

多少	多少
粤拼	do1xiu2
谐音	的哦 朽

oi

1 看视频学发音

重点提示

嘴巴自然放松闭合，汉语拼音“o”与“ai”的音连起来读，形成一个音节“oai”。

2 拼音汉字助发音

粤语韵母	oi
拼音标音	o+ai
谐音	哦哀

3 读生词练发音

悲哀	悲哀	台湾	台湾
粤拼	béi1ngoi1	粤拼	toi4wan1
谐音	悲 哦哀	谐音	t哦哀 湾
开会	开会	再见	再见
粤拼	hoi1wei5	粤拼	zoi3gin3
谐音	呵哦哀 乌ui	谐音	姿哦哀 歌饮
改变	改变	比赛	比赛
粤拼	goi2bin3	粤拼	béi2coi3
谐音	歌哦哀 宾	谐音	北 雌哦哀
鱼鳃	鱼鳃	谢谢	唔该
粤拼	yu4soi1	粤拼	m4goi1
谐音	与 思哦哀	谐音	唔 歌哦哀

ou

1 看视频学发音

重点提示

嘴巴自然放松闭合，发音时，嘴巴呈“o”形，发“欧”音。

2 拼音汉字助发音

粤语韵母	ou
拼音标音	ou
谐音	欧

3 读生词练发音

澳门	澳门	你好	你好
粤拼	ngou3men2	粤拼	néi5hou2
谐音	偶 门	谐音	雷 猴
保护	保护	肚子痛	肚痛
粤拼	bou2wu6	粤拼	tou5tung3
谐音	波偶 五	谐音	头 桶
做事	做嘢	牙膏	牙膏
粤拼	zou6yé5	粤拼	nga4gou1
谐音	走 爷	谐音	啊 勾
儿媳妇	心抱	高兴	高兴
粤拼	sem1pou5	粤拼	gou1hing3
谐音	森姆 婆哦	谐音	勾 呵影

on

1 看视频学发音

2 拼音汉字助发音

粤语韵母	on
拼音标音	on
谐音	哦弯

重点提示

嘴巴自然放松闭合，发音时嘴巴呈“o”形，发音和英文“on”一样，粤语取第一声。

3 读生词练发音

安全	安全
粤拼	ngon¹qun⁴
谐音	安弯 群

冒汗	飙汗
粤拼	biu¹hon⁴
谐音	标 喊弯

韩国	韩国
粤拼	hon⁴guog³
谐音	呵晚 果

看见	看见
粤拼	hon³gin³
谐音	呵晚 歌紧

干净	干净
粤拼	gon¹zéng⁶
谐音	歌弯 姿演

汉族	汉族
粤拼	hon³zug⁶
谐音	呵晚 姿偶

吝啬	孤寒
粤拼	gu¹hon⁴
谐音	孤 缓

赶车	赶车
粤拼	gon²cé¹
谐音	馆 切

ong

1 看视频学发音

重点提示

嘴巴张大，音由喉咙发出，发音和韵母“on”接近，“ong”则是后鼻音，发音较硬朗。

2 拼音汉字助发音

粤语韵母	ong
拼音标音	ong
谐音	哦安

3 读生词练发音

健康	健康
粤拼	gin3hong1
谐音	歌紧 憨
床上	床上
粤拼	cong4sêng6
谐音	雌安 想
帮忙	帮手
粤拼	bong1seo2
谐音	帮盎 满俺
讲话	讲话
粤拼	gong2wa6
谐音	杠 瓦

工厂	工厂
粤拼	gung1cong2
谐音	工 常
网络	网络
粤拼	mong5log6
谐音	忙 了哦
喝汤	饮汤
粤拼	yem2tong1
谐音	阳 汤
旁边	旁边
粤拼	pong4bin1
谐音	盘俺 宾

od

1 看视频学发音

重点提示

嘴巴呈“o”形，发标准拼音“u+o”音，也与“wo”音发音相似。

2 拼音汉字助发音

粤语韵母	od
拼音标音	u+o
谐音	我

3 读生词练发音

口渴	口渴
粤拼	heo2hod3
谐音	豪 火
韩国	韩国
粤拼	géng2hod3
谐音	歌炎 火
割让	割让
粤拼	god3yêng6
谐音	果 于养
渴望	渴望
粤拼	hod3mong6
谐音	火 满

分割	分割
粤拼	fen1god3
谐音	翻 果
割舍	割舍
粤拼	god3sé2
谐音	果 写
一种果实	粉葛
粤拼	fen2god3
谐音	凡 果
渴求	渴求
粤拼	hod3keo4
谐音	火 考

og

1 看视频学发音

重点提示

嘴巴呈“o”形，发音时口形不变，由喉咙发出，与“o+g”发音相似，音为短促音。

2 拼音汉字助发音

粤语韵母	og
拼音标音	o+g
谐音	我哦

3 读生词练发音

上学	翻学	**发觉**	发觉
粤拼	fan^{1}hog^6	粤拼	fad^{3}gog^6
谐音	翻 呵我哦	谐音	法 哥我哦
朴素	朴素	**帷幕**	帷幕
粤拼	pog^{3}sou^3	粤拼	wei^{4}mog^6
谐音	扑我哦 擞	谐音	崴 摸我哦
汤勺	汤壳	**下雨**	落雨
粤拼	tong^{1}hog^6	粤拼	log^{6}yu^5
谐音	汤 呵我哦	谐音	了我哦 于
托运	托运	**作业**	作业
粤拼	tog^{3}wen^6	粤拼	zog^{3}yib^6
谐音	特我哦 晚	谐音	左我哦 也

u

1 看视频学发音

重点提示

嘴巴自然放松闭合，发音时嘴巴嘟起，发“乌”音。

2 拼音汉字助发音

粤语韵母	u
拼音标音	u
谐音	乌

3 读生词练发音

乌云	乌云
粤拼	wu1wen4
谐音	乌 晚
照顾	照顾
粤拼	jiu3gu3
谐音	酒 古
锣鼓	锣鼓
粤拼	lo4gu2
谐音	摞 鼓
爸爸妹妹	姑姐
粤拼	gu1zé1
谐音	姑 接

爸爸姐姐	姑妈
粤拼	gu1ma1
谐音	姑 妈
狡猾	蛊惑
粤拼	gu2wag6
谐音	蛊 瓦
箍着	箍住
粤拼	ku1ju6
谐音	哭 举
故里	古仔
粤拼	gu2zei2
谐音	古（2声） 宅

ui

1 看视频学发音

重点提示

嘴巴自然放松闭合，发音时嘴巴嘟起，与标准拼音“ui”同音。

2 拼音汉字助发音

粤语韵母	ui
拼音标音	ui
谐音	乌威

3 读生词练发音

好累	好攰
粤拼	hou2gui3
谐音	猴 鬼
发霉	发霉
粤拼	fad3mui4
谐音	法 么ui
茶杯	茶杯
粤拼	ca4bui1
谐音	擦 波ui
梅花	梅花
粤拼	mui4fa1
谐音	么ui 发

每天	每日
粤拼	mui5yed6
谐音	么ui 雅
嘴巴	嘴巴
粤拼	zui2ba1
谐音	嘴 巴
妹妹	妹妹
粤拼	mui4mui2
谐音	么ui 么ui
背书	背书
粤拼	bui3xu1
谐音	波ui 需

un

1 看视频学发音

重点提示

嘴巴自然放松闭合，发音时嘴巴嘟起，发“乌晕”的连音。

2 拼音汉字助发音

粤语韵母	un
拼音标音	un
谐音	乌晕

3 读生词练发音

碗筷	碗筷	调换	调换
粤拼	wun2fai3	粤拼	diu3wun6
谐音	文 佛矮	谐音	丢 乌稳
一般	一般	课本	课本
粤拼	yed1bun1	粤拼	fo3bun2
谐音	呀 波温	谐音	佛 波文
名媛	名媛	欢迎	欢迎
粤拼	ming4wun6	粤拼	fun1ying4
谐音	敏 乌稳	谐音	佛温 影
本事	本事	搬家	搬屋
粤拼	bun2xi6	粤拼	bun1ngug1
谐音	波文 喜	谐音	波温 怄

ung

1 看视频学发音

重点提示

嘴巴自然放松闭合，发音时嘴巴呈“o”形，与标准拼音“ong”发音相同。

2 拼音汉字助发音

粤语韵母	ung
拼音标音	ong
谐音	乌eng

3 读生词练发音

冬天	冬天
粤拼	dung1tin1
谐音	冬 听
普通	普通
粤拼	pou2tung1
谐音	婆欧 通
懂事	懂事
粤拼	dung2xi6
谐音	懂 喜
东方	东方
粤拼	dung1fong
谐音	东 方

红色	红色
粤拼	hung4xig1
谐音	哄 西
重要	重要
粤拼	zung6yiu3
谐音	总 依u
英雄	英雄
粤拼	ying1hung4
谐音	英 哄
风速	风速
粤拼	fung1cug1
谐音	风 雌怄

ud

1 看视频学发音

重点提示

2 拼音汉字助发音

粤语韵母	ud
拼音标音	ud
谐音	乌v

嘴巴自然放松闭合，发音时嘴巴嘟起，先发“乌”音，继而嘴角向两边拉伸，成微笑状，同时发“v”音，连起来读，音短促。

3 读生词练发音

生活	生活	活泼	活泼
粤拼	seng1wud6	粤拼	wud6pud3
谐音	桑 乌v	谐音	乌v 泼乌v
拨打	拨打	宽阔	宽阔
粤拼	bud3da2	粤拼	fun1fud6
谐音	波乌v 达	谐音	佛温 佛乌v
包括	包括	宽敞	阔落
粤拼	bao1kud3	粤拼	fud3log6
谐音	包 科乌v	谐音	佛乌v 咯
泼水	泼水	活动	活动
粤拼	pud6sêu2	粤拼	wud3dung6
谐音	泼乌v 遂	谐音	乌v 懂

ug

1 看视频学发音

重点提示

嘴巴自然放松闭合，发音时嘴巴呈“o”形，音由喉咙发出。类似汉字“怄”音，音短促有力。

2 拼音汉字助发音

粤语韵母	ug
拼音标音	ou
谐音	怄

3 读生词练发音

家里	屋企	忙碌	忙碌
粤拼	ngug1kéi5	粤拼	mong4lug1
谐音	怄 科诶	谐音	蟒 了勿欧
车轮	车碌	鸡肉	鸡肉
粤拼	cé1lug1	粤拼	gei1yug6
谐音	切 了怄	谐音	该 有
侮辱	侮辱	柚子	绿柚
粤拼	mou2yug6	粤拼	lug1yeo2
谐音	谋 有	谐音	了怄 姚
绿化	绿化	目录	目录
粤拼	lug6fa3	粤拼	mug6lug6
谐音	了偶 法	谐音	姆 了偶

i

1 看视频学发音

重点提示

嘴巴自然放松闭合，发音时，嘴角向两边拉伸，发出“依”音。

2 拼音汉字助发音

粤语韵母	i
拼音标音	i
谐音	依

3 读生词练发音

依靠	依靠	支持	支持
粤拼	yi^{1}kao^4	粤拼	ji^{1}qi^4
谐音	依 考	谐音	机 起
自己	自己	停止	停止
粤拼	ji^{6}géi^2	粤拼	ting^{4}ji^2
谐音	几 给	谐音	挺 及
好像	好似	衣服	衣服
粤拼	hou^{2}qi^5	粤拼	yi^{1}fug^6
谐音	猴 齐	谐音	衣 佛怄欧
主持	主持	知道	知道
粤拼	ju^{2}qi^4	粤拼	ji^{1}dou^4
谐音	焗 起	谐音	机 抖

iu

1 看视频学发音

2 拼音汉字助发音

粤语韵母	iu
拼音标音	iu
谐音	依u

重点提示

嘴巴自然放松闭合，发音时，嘴角向两边拉伸，先发“依”音，继而发英文“u”音，把两个音节连起来即可。

3 读生词练发音

妖怪	妖怪	要求	要求
粤拼	yiu1guai3	粤拼	yiu1keo4
谐音	依u 拐	谐音	依u 考
想计策	度桥	车票	车票
粤拼	dog6kiu2	粤拼	cé1piu3
谐音	的哦的 科依u	谐音	切 泼依u
寺庙	寺庙	邀请	邀请
粤拼	ji6miu2	粤拼	yiu1qing2
谐音	几 谬	谐音	依u 晴
跳舞	跳舞	香蕉	香蕉
粤拼	tiu3mou5	粤拼	hêng1jiu1
谐音	特依u 谋	谐音	呵于央 揪

im

1 看视频学发音

2 拼音汉字助发音

粤语韵母	im
拼音标音	im
谐音	依因姆

重点提示

嘴巴自然放松闭合，发音时，嘴角向两边拉伸，发“依”音的同时，嘴巴闭上，有鼻音。

3 读生词练发音

艳丽	艳丽	**发炎**	发炎
粤拼	yim^{6}lei^2	粤拼	fad^{3}yim^4
谐音	饮 来(3声)	谐音	法 饮
讨厌	讨厌	**谦虚**	谦虚
粤拼	tou^{2}yim^3	粤拼	him^{1}hêu^1
谐音	头 饮	谐音	呵因 灰
占领	占领	**粘贴**	粘贴
粤拼	jim^{3}ling^5	粤拼	nim^{1}tib^3
谐音	紧 零	谐音	呢因姆 特依补
歉意	歉意	**签字**	签字
粤拼	hib^{3}yi^3	粤拼	qim^{1}ji^3
谐音	呵饮姆 以	谐音	亲 几

in

1 看视频学发音

2 拼音汉字助发音

粤语韵母	in
拼音标音	in
谐音	依因

重点提示

嘴巴自然放松闭合，发音时，嘴角向两边拉伸，往“依”音方向发出，发音方法与“im”一样，区别在于不闭嘴，没有鼻音。

3 读生词练发音

抽烟	食烟	燕子	燕子
粤拼	xig^{6}yin^1	粤拼	yin^{3}ji^2
谐音	喜 因	谐音	饮 及
牵手	牵手	练习	练习
粤拼	hin^{1}seo^2	粤拼	lin^{4}zab^6
谐音	呵因 扫(2声)	谐音	领 姿啊补
深浅	深浅	现代	现代
粤拼	sem^{1}qin^2	粤拼	yin^{6}doi^6
谐音	三 琴	谐音	饮 的欧哀
言语	言语	给面子	俾面
粤拼	yin^{4}yu^5	粤拼	béi^{2}min^5
谐音	饮 于	谐音	北(2声) 民

ing

1 看视频学发音

重点提示

嘴巴自然放松闭合，发音时嘴巴稍微张开，音由喉咙发出。发英文“in”音，粤语取第一声。

2 拼音汉字助发音

粤语韵母	ing
拼音标音	ing
谐音	依应

3 读生词练发音

应该	应该	欢迎	欢迎
粤拼	ying1goi1	粤拼	fun1ying4
谐音	应 歌欧哀	谐音	佛乌晕 影
明天	听日	清楚	清楚
粤拼	ting1yed6	粤拼	qing1co2
谐音	听 哑	谐音	清 雌哦(2声)
明白	明白	停止	停止
粤拼	ming4bag3	粤拼	ting4ji2
谐音	敏 把啊	谐音	挺 及
请求	请求	名气	名气
粤拼	qing2keo4	粤拼	ming4héi3
谐音	晴 考	谐音	敏 黑(3声)

ib

1 看视频学发音

重点提示

嘴巴自然放松闭合，先发“依”音，发完后嘴巴闭上，音短促。

2 拼音汉字助发音

粤语韵母	ib
拼音标音	ib
谐音	依补

3 读生词练发音

树叶	树叶	接触	接触
粤拼	xu^6yib^6	粤拼	jib^3zug^1
谐音	许 依补	谐音	几补 姿抠欧
妾侍	妾侍	怯懦	怯懦
粤拼	qib^3xi^6	粤拼	hib^3no^6
谐音	七依补 喜	谐音	呵依补 呢哦
重叠	重叠	作业	作业
粤拼	$cung^4dib^3$	粤拼	zog^3yib^6
谐音	从（3声） 的依补	谐音	姿哦 依补
劫持	劫持	惬意	惬意
粤拼	gib^3qi^4	粤拼	hib^3yi^3
谐音	歌依补 起	谐音	呵依补 以

id

1 看视频学发音

重点提示

嘴巴自然放松闭合，先发“依”音，嘴巴不动，发完“依”后舌尖抵住牙齿。

2 拼音汉字助发音

粤语韵母	id
拼音标音	id
谐音	依的

3 读生词练发音

上火	热气	节日	节日
粤拼	yid6héi3	粤拼	jid3yed6
谐音	依的 黑(3声)	谐音	几依的 哑
清洁	清洁	摔倒	跌倒
粤拼	qing1gid3	粤拼	did3dou2
谐音	清 歌依的	谐音	的依的 抖(2声)
截止	截止	折扣	折扣
粤拼	jid6ji2	粤拼	jid3keo3
谐音	几依的 及	谐音	几依的 考
捷径	捷径	杰作	杰作
粤拼	jid6ging3	粤拼	gid6zog6
谐音	几依的 歌影	谐音	歌依的 姿哦

ig

1 看视频学发音

重点提示

嘴巴自然放松闭合，先发“依”音，发音往上跳，为短促音。

2 拼音汉字助发音

粤语韵母	ig
拼音标音	ye
谐音	依诶

3 读生词练发音

利益	利益
粤拼	léi^{6}yig^1
谐音	磊 依诶

疫苗	疫苗
粤拼	yig^{6}miu^4
谐音	依诶 谬(3声)

日历	日历
粤拼	yed^{6}yig^6
谐音	哑了 依诶

鸡翅	鸡翼
粤拼	gei^{1}yig^6
谐音	该 依诶

亦可	亦可
粤拼	yig^{6}ho^2
谐音	依诶 呵哦

勤快	勤力
粤拼	ken^{4}lig^6
谐音	砍了 依诶

亿万	亿万
粤拼	yig^{1}man^6
谐音	依诶 满

毅力	毅力
粤拼	ngei^{6}lig^6
谐音	矮 了依诶

ü

1 看视频学发音

2 拼音汉字助发音

粤语韵母	ü
拼音标音	ü
汉字标音	于

重点提示

嘴巴自然放松闭合，发音时嘴巴嘟起，发普通话“于”音，取第一声。在与“j、q、x、y”相拼时，“ü”两点去掉。

3 读生词练发音

下雨	落雨	语音	语音
粤拼	log^{6}yu^5	粤拼	yu^{5}yem^1
谐音	了哦 雨	谐音	于 央
然后	跟住	煮饭	煮饭
粤拼	gen^{1}ju^6	粤拼	ju^{2}fan^6
谐音	干 举	谐音	局 反
厨房	厨房	多余	多余
粤拼	qu^{4}fong^2	粤拼	do^{1}yu^4
谐音	取 房	谐音	的哦 雨
于是	于是	处理	处理
粤拼	yu^{1}xi^4	粤拼	qu^{5}léi^5
谐音	淤 喜	谐音	瞿 雷

ün

1 看视频学发音

重点提示

嘴巴自然放松闭合，发音时嘴巴嘟起，发普通话“晕”音。

2 拼音汉字助发音

粤语韵母	ün
拼音标音	ün
谐音	晕

3 读生词练发音

冤枉	冤枉	埋怨	埋怨
粤拼	yun1wong2	粤拼	mai4yun4
谐音	晕 王	谐音	买 允
远方	远方	愿意	愿意
粤拼	yun5fong1	粤拼	yun6yi3
谐音	云 方	谐音	允 以
公园	公园	全部	全部
粤拼	gung1yun2	粤拼	qun4bou4
谐音	公 云	谐音	群(3声) 波偶
传真	传真	旋转	旋转
粤拼	qun4zen1	粤拼	xun4jun2
谐音	群(3声) 脏	谐音	训(3声) 均(2声)

üd

1 看视频学发音

重点提示

嘴巴自然放松闭合，发音时嘴巴嘟起，先发普通话“雨”音，同时嘴角向两边拉伸，音短促。

2 拼音汉字助发音

粤语韵母	üd
拼音标音	üd
谐音	雨的

3 读生词练发音

月亮	月光	阅历	阅历
粤拼	yud6guong1	粤拼	yud6lig6
谐音	雨的 姑哦盎	谐音	雨的 了依诶
下雪	落雪	决定	决定
粤拼	log6xud3	粤拼	küd3ding6
谐音	了我哦 西雨的	谐音	科雨的 顶
粤语	粤语	绝对	绝对
粤拼	yud6yu5	粤拼	jud6dêu3
谐音	雨的 于	谐音	机雨的 对
缺点	缺点	小说	小说
粤拼	küd3dim2	粤拼	xiu2xud3
谐音	科雨的 顶	谐音	朽 西雨的

ê

1 看视频学发音

重点提示

嘴巴微张呈“o”形，是标准拼音“e”+普通话“约”音的连读。

2 拼音汉字助发音

粤语韵母	ê
拼音标音	ê
谐音	e约

3 读生词练发音

皮靴	皮靴
粤拼	péi4hê1
谐音	陪 呵约

花朵	花朵
粤拼	fa1dê2
谐音	发 的约

雪靴	雪靴
粤拼	xud6hê1
谐音	西雨 呵约

一点点	啲啲哚
粤拼	did1did1dê1
谐音	啲 啲 的约

êu

1 看视频学发音

重点提示

嘴巴微张呈“o”形，先发标准拼音“e”音，后发“ui”音，两个音节连起来读即可。

2 拼音汉字助发音

粤语韵母	êu
拼音标音	e+ui
谐音	厄ui

3 读生词练发音

心虚	心虚	聚会	聚会
粤拼	sem^{1}hêu^{1}	粤拼	zêu^{6}wui^{4}
谐音	森 灰	谐音	嘴 乌厄ui
推打	推打	脆弱	脆弱
粤拼	têu^{1}da^{2}	粤拼	cêu^{3}yêg^{3}
谐音	推 达	谐音	璀 雨哟
睿智	睿智	喝水	饮水
粤拼	yêu^{4}ji^{6}	粤拼	yem^{5}sêu^{2}
谐音	一厄ui 几	谐音	阳 遂
退步	退步	顶嘴	驳嘴
粤拼	têu^{3}bou^{4}	粤拼	bog^{6}zêu^{2}
谐音	腿 波偶	谐音	波我哦 嘴

ên

1 看视频学发音

重点提示

嘴巴微张呈“o”形，先发标准拼音“e”，再发粤语韵母“un”的读音，两个音节连起来即可。

2 拼音汉字助发音

粤语韵母	ên
拼音标音	e+un
谐音	厄乌晕

3 读生词练发音

春天	春天
粤拼	cên^{1}tin^1
谐音	春 听

顺利	顺利
粤拼	yun^{5}fonsên^{6}léi^{6}g^1
谐音	顺 磊

秦始皇	秦始皇
粤拼	cên^{4}qi^{2}wong^4
谐音	蠢 齐 乌哦盎

通讯	通讯
粤拼	tung^{1}sên^3
谐音	通 顺

咨询	咨询
粤拼	ji^{1}sên^1
谐音	机 孙

单纯	单纯
粤拼	dan^{1}sên^4
谐音	单 顺

信息	信息
粤拼	sên^{3}xig^1
谐音	顺 西依诶

矛盾	矛盾
粤拼	mao^{4}tên^5
谐音	铆 豚

êng

1 看视频学发音

重点提示

嘴巴微张呈“o”形，音由喉咙发出，先发普通话“于”音，后发普通话“央”音，两个音节连起来读即可。

2 拼音汉字助发音

粤语韵母	êng
拼音标音	ü+ang
谐音	于央

3 读生词练发音

香港	香港
粤拼	hêng1gong2
谐音	呵于央 歌哦昂
影响	影响
粤拼	ying2hêng2
谐音	赢 呵于央
家乡	家乡
粤拼	ga1hêng1
谐音	嘎 呵于央
羊肉	羊肉
粤拼	yêng4yug6
谐音	于央 依呕

杨树	杨树
粤拼	yêng4xu6
谐音	于央 许
坚强	坚强
粤拼	gin1kêng4
谐音	歌因 科于央
方向	方向
粤拼	fong1hêng3
谐音	方 呵于央
窗户	窗户
粤拼	cêng1wu6
谐音	七于央 五

êd

1 看视频学发音

重点提示

嘴巴微张呈“o”形，发音类似“êu”音，区别在于“êd”为短促音。

2 拼音汉字助发音

粤语韵母	êd
拼音标音	e+ui
谐音	厄ui的

3 读生词练发音

律师	律师	效率	效率
粤拼	lêd6xi1	粤拼	hao6lêd6
谐音	了厄ui的 西	谐音	好 了厄ui的
纪律	纪律	手术	手术
粤拼	géi2lêd6	粤拼	seo2sêd6
谐音	给 了厄ui的	谐音	勺 思厄ui的
终于	卒之	出去	出去
粤拼	zêd1ji1	粤拼	cêd1hêu3
谐音	姿厄ui的 机	谐音	雌厄ui的 毁
率领	率领	出现	出现
粤拼	sêd1ling5	粤拼	cêd1yin6
谐音	思厄ui的 零	谐音	雌厄ui的 饮

êg

1 看视频学发音

重点提示

嘴巴微张呈“o”形，先发普通话“约”音，后发普通话“腰”音，两个音节连起来读即可。

2 拼音汉字助发音

粤语韵母	êg
拼音标音	ü+ao
汉字标音	约腰

3 读生词练发音

脚步	脚步
粤拼	gêg⁶bou⁴
谐音	歌约腰 波偶

雕琢	雕琢
粤拼	diu¹dêg³
谐音	丢的 约腰

约会	约会
粤拼	yêg⁶wui⁵
谐音	约腰 乌威

忽略	忽略
粤拼	fed¹lêg⁶
谐音	佛厄的 了约腰

大约	大约
粤拼	dai³yêg³
谐音	逮 约腰

啄木鸟	啄木鸟
粤拼	dêg³mug⁶niu⁵
谐音	的约腰 姆 牛

掠过	掠过
粤拼	lêg⁶guo³
谐音	了约腰 果

长桌	长桌
粤拼	cêng⁴cêg³
谐音	雌于央 雌约腰

é

1 看视频学发音

重点提示

嘴巴自然放松闭合，发音时，嘴巴微张，嘴角向两边拉伸，舌头向下压，先发“厄”再发“椰”，两个音连起来即可。

2 拼音汉字助发音

粤语韵母	é
拼音标音	e+ye
谐音	厄椰

3 读生词练发音

开车	揸车	姐姐	姐姐
粤拼	za1cé1	粤拼	zé4zé1
谐音	扎 切	谐音	姐 姐
骑马	骑马	夜晚	夜晚
粤拼	ké4ma2	粤拼	yé3man5
谐音	科厄椰 麻	谐音	也 蛮
干活	做嘢	啤酒	啤酒
粤拼	zou4yé2	粤拼	bé1zeo2
谐音	走 爷	谐音	波厄椰 姿熬
咖啡	咖啡	爹妈	爹妈
粤拼	ga3fé1	粤拼	dé1ma1
谐音	嘎 佛厄椰	谐音	爹 妈

éi

1 看视频学发音

重点提示

嘴巴自然放松闭合，发音时，嘴巴微张，嘴角向两边拉伸，舌头向下压，发标准拼音“ei”音。

2 拼音汉字助发音

粤语韵母	éi
拼音标音	ei
谐音	诶

3 读生词练发音

非常	非常
粤拼	féi1sêng4
谐音	非 想
慈悲	慈悲
粤拼	qi4béi1
谐音	起 悲
准备	准备
粤拼	zên2béi6
谐音	准 北
翡翠	翡翠
粤拼	féi2cêu3
谐音	肥 璀

自卑	自卑
粤拼	ji6béi1
谐音	几 卑
汽车	汽车
粤拼	héi3cé1
谐音	黑(3声) 切
减肥	减肥
粤拼	gam2féi4
谐音	感 翡
盖被子	冚被
粤拼	kem5péi2
谐音	扛 陪

éng

1 看视频学发音

重点提示

嘴巴自然放松闭合，发音时，嘴巴微张，嘴角向两边拉伸，舌头向下压，是“厄烟”两个音节的连音。

2 拼音汉字助发音

粤语韵母	éng
拼音标音	e+yan
汉字标音	厄烟

3 读生词练发音

听说	听讲
粤拼	téng1gong2
谐音	特厄烟 杠
游艇	游艇
粤拼	yeo4téng5
谐音	咬 特厄烟
便宜	平价
粤拼	péng4ga4
谐音	泼厄烟 嘎
病了	病咗
粤拼	béng6zo2
谐音	波厄烟 左

拼命	搏命
粤拼	bog6méng4
谐音	波哦 么厄烟
请假	请假
粤拼	céng2ga4
谐音	雌厄烟 嘎
大声	大声
粤拼	dai4séng1
谐音	逮 思厄烟
请问	请问
粤拼	céng2men4
谐音	雌厄烟 满

ég

1 看视频学发音

重点提示

嘴巴自然放松闭合，发音时，嘴巴微张，嘴角向两边拉伸，舌头向下压，发音方法与“é”一样，音短促。

2 拼音汉字助发音

粤语韵母	ég
拼音标音	e+ye
汉字标音	厄也

3 读生词练发音

踢球	踢波	无锡	无锡
粤拼	tég³bo¹	粤拼	mou⁴ség³
谐音	特厄也 波	谐音	某 思厄也
赤裸	赤裸	锡纸	锡纸
粤拼	cég³lo²	粤拼	ség³ji²
谐音	雌厄也 罗	谐音	思厄也 及
两只	两只	赤脚	赤脚
粤拼	lêng⁵zég⁶	粤拼	cég³gêg³
谐音	两 姿厄也	谐音	雌厄也 歌雨约
竹席	竹席	尺度	尺度
粤拼	zug¹zég⁶	粤拼	cég³dou⁶
谐音	姿怄欧 姿厄也	谐音	雌厄也 抖

第2章

基础语法和句型

一 基础语法 Track 2-01

粤语语法与普通话语法的不同，体现在词序、虚词、副词、部分形容词、助词及其放置方式上。另外，复杂而不可或缺的语气助词也是粤语的一个特色。尽管粤语与普通话在语法上有些不一样，但是它们的句型主体结构基本相同，都是主—谓—宾式结构，所以总体来看大概有 60% 是相同的。

1 动词时态

粤语动词有时态的范畴，常用时态有“进行时”和“完成时”两种。进行时用“紧”“开”“喺度”表示动作的持续，动词后加“住”表示该动作的暂时性；表示完成时要在动词后加“咗”，表示完成了某种动作时在动词后加“过”。

(1)表达进行

1)“紧”加在动词后表示动作正在进行。

我食紧饭。(我正在吃饭。)

2)“开”加在动词后表示动作正在进行。此外，还有表示习惯的意思，即事情之前发生过，今后还要继续进行下去。

我食开饭。(我正在吃饭。)

我食开呢个牌子嘅烟。(我习惯抽这个牌子的烟。)

3)“喺度”加在动词前，表示动作正在进行，是“喺呢度”(在这里)的简写。“喺度”经常与“紧”连用。

我喺度食饭。(我正在吃饭。)

我喺度食紧饭。(我正在吃饭。)

4)“住”加在动词后表示动作暂时持续。

佢望住我。(他望着我。)

你手里便攞住乜嘢？（你手里拿着什么？）

咪行住。（先别走。）

借住一百文我先。（先借 100 元给我。）

(2)表达完成

1)“咗”加在动词之后，表示动作已经完成。

我食咗饭。（我吃过饭了。）

你食咗饭未？（你吃过饭了吗？）

你去咗边度？（你去哪里了？）

2)“过”加在动词后表示经历、经验。这点和普通话相同，但当遇到趋向动词时，要把“过”放在趋向动词的两个字之间。

我去过香港。（我去过香港。）

我食过蛇肉。（我吃过蛇肉。）

我入过去啦。（我进去过了。）

我啱出过去。（我刚出去过。）

2 情貌的表示方式

粤语经常使用一些词语附加于述语(表示行为动作，主要由动词和动词性短语组成)之前或者之后，陈述动作行为发生的种种情况和状态。这些词语有些相当于副词，有的像后缀，跟在述语的末尾。

(1)表达程度

1)在粤语中，用“过头”“得滞”表示情况过甚，超出了正常范围。相当于普通话的“太……”。

呢啲桔酸过头。（这些桔子太酸了。）

佢精过头。（他太精明了。）

今日热得滞。（今天太热了。）

饱得滞。（太饱了。）

2)用“交关”“犀利”“鬼咁”“乜嘢咁”“死”表示极端程度，意为“严重、厉害”。其中，“交关”“犀利”跟在“得”后面；“鬼咁”“乜嘢咁”“死”跟在“到”后面。有时，这些词也可以省略，靠对方意会。

今日热得好交关。（今天热得好厉害。）

今日冻得好犀利。（今天冷得好厉害。）

今日热到鬼咁。（今天热得好厉害。）

你睇佢，开心到乜野咁。（你看他，开心得不得了。）

今日烦到死。（今天烦得不得了。）

啱先喺台角撞咗一下，痛到……（刚才在台角撞了一下，痛得……）

3)“晒”表示“完全、全部”。

你将啲嘢食晒佢。（你把这些东西全吃完。）

我洗晒啲衫啦。（我把衣服全洗完啦。）

呢本书你睇晒未啊？（你看完这本书没有啊？）

另外，“晒”还可以放在句末，表示强调，使其前表达的感情更浓厚。

多谢晒！（太感谢你了！）

多得晒你嘞！（真多亏你了！）

唔该晒！（太麻烦你了！）

(2)表达结果

1)“埋”跟在动词后表示“向前、靠拢”，跟在连词或者介词后表示“由此及彼”，相当于普通话的“连……也”。

等埋我。（等等我。）

连佢都去埋。（连他也去了。）

佢行埋嚟问我做紧乜嘢。（他走过来问我正在做什么。）

下次你哋搞活动记得预埋我啊。（下次你们搞活动记得算上我。）

我今日加埋用咗两百文。（我今天加起来花了 200 元。）

我同埋妈咪一齐去行街。（我和妈妈一起去逛街。）

我哋喺埋一齐。(我们在一起。)

2)"翻"用在动词后面，表示通过动作使某事恢复到原来状态。

冚翻好只盖。(把盖子盖好。注释：盖子本来是盖着的。)

赎翻钱俾你。(把钱找还给你。注释：钱本来是属于你的。)

翻屋企。(回家。注释：你本来是在家里，出去了才有回家一说。)

3 指示代词

在普通话中，指示代词不能省略，量词可以省略；但在粤语中则相反，指示代词可以省略，但是量词不能省略。

粤语中最常见也最基本的指示代词有两个，为"呢""嗰"，分别对应普通话"这""那"的意思。

(呢)本书係我嘅。(这本书是我的。)

(呢)间房好乱，快啲执翻好。(这房间好乱，快点收拾好。)

(嗰)啲人好无赖。(那些人好无赖。)

4 助动词

助动词协助主要动词，使用时多跟在动词后面。有些助动词既有语法意义，又有词汇意义，有些则仅有语法意义。下面介绍两个助动词"咗"与"亲"，前者既有语法意义又有词汇意义，后者仅有语法意义。

(1) "咗"

1)"咗"除了表示动作完成，还可以构成祈使句，表示"……了……"。

啲嘢好贵架，快啲食咗佢。(这些东西很贵的，快点吃了它。)

件衫咁污糟，快啲换咗佢。(这件衣服这么脏，快把它换了。)

啲药唔好，你最好就停咗佢。(这些药不好，你最好把它停了。)

2)"咗"也可以取代"把"字，后带宾语，构成"动词 + 咗 +(量词) + 名词"句式，普通话意思为"把……怎么样"。

掉咗佢。（把它扔了。）

掉咗件衫。（把这件衣服扔了。）

熄咗佢。（把它关了。）

（2）“亲”

1)“亲”跟在动词后面，表示生病、受伤等负面结果。

出便好冻，因住冻亲。（外面很冷，当心着凉。）

唔好食咁快，因住骾亲。（别吃这么快，当心噎着。）

慢慢饮，因住浊亲。（慢慢喝，当心呛到。）

2)“亲”还可以表示一有某种情况发生，就会引起相应的结果。

去亲咖啡厅，佢都点摩卡。（他只要去咖啡厅，就会点摩卡。）

开亲会，都瞌眼瞓。（只要一开会，就会打瞌睡。）

只脚受咗伤，郁亲都痛。（这只脚受了伤，一动就痛。）

5 其他常见字用法

（1）“先”

“先”字有两种用法，一种表示“才”，另一种就是它本身的意思“先”。在粤语中，表示“先”的意思时常跟在动词或者动宾短语后。这是粤语一个很特别的语法，与普通话“先”的用法不一样。

1)表示“才”的用法。

我先落班。（我才下班。）

呢件衫先两百文。（这件衣服才 200 元。）

我身上先得十文。（我身上才 10 元。）

我而家先出发。（我现在才出发。）

2)表示“先”的用法。

我落班先。（我先下班。）

我冲凉先食饭。（我先洗澡再吃饭。）

埋咗单先上菜。(先结账再上菜。)

食咗先去啦。(先吃了再去吧。)

我仲未做完，你哋走先。(我还没有做完，你们先走。)

(2) "下"

"下"字在普通话中十分常用，其表达的语义也多种多样，在粤语中，当要表达普通话中的"下"涉及的语义时，有时却不使用这个字，用其他字代替，具体主要有以下3种情况。

1)表达普通话动词"下"之意时，粤语中使用"落(log^6)"。

落车(下车)　　落楼(下楼)　　落班(下班)

2) 表达普通话中的助动词"下"时，即在普通话中，"下"字跟在相应动词后做该动词的辅助语时，粤语中使用"低(dei^1)"。

坐低(坐下)　　留低(留下)　　瞓低(躺下)

3)作为普通话方位词的"下"时，粤语中用法不变，也用"下"。

楼下(楼下)　　下便(下边)

二 惯用句型 Track 2-02

粤语中有很多句型与普通话不尽相同，它们表现在比较句、处置句、存在句、双宾句、被动句、判断句、否定句、疑问句等形式上。

(1) 比较句

粤语中的比较句常首先在两个比较项之间用形容词的方式表示出比较结果，然后再加上“过”，构成句型“名词 + 形容词 + 过 + 名词(+ 副词)”，相当于普通话“谁比谁怎么样”。

我高过你。(我比你高。)

小明肥过小清。(小明比小清胖。)

佢大过我好多。(他比我大好多。)

(2) 处置句

处置句，又称“把字句”。普通话中有“把”字句，粤语则没有。粤语把“把”都换成介词“将”，使用介词“将”把处置者与被处置对象连接起来。另外，被处置的对象(如例句中的书、水果)置于动词后再加一个“佢”来表达，普通话中不存在这个用法。

我将字典俾咗细妹。(我把字典给了妹妹。)

将呢啲书掉咗佢。(把这些书扔了。)

将啲水果食晒佢。(把这些水果吃完。)

(3) 存在句

存在句用来表示人或者事物的存在、出现等。普通话中，会使用“有”表达拥有某物或者某物存在，在粤语中，除了会使用“有”表达拥有某物或者某物存在，也常用“有……”或者“有……过”来表示曾经做过某事。后面可以接动作性的宾语成分。

佢有还翻啲钱俾我。(他还钱给我了。)

我今日有去揾过佢。(我今天去找过他。)

我有去过广州。（我去过广州。）

(4) 双宾语句

双宾语由直接宾语和间接宾语构成。在粤语双宾语句中，当表达“施受”关系时，各常用句型表示如下。

1)陈述句：主语 + 动词 + 物体 + 受者

爸爸俾杯水我。（爸爸给我一杯水。）

2)疑问句：主语 + 有冇 + 动词 + 物体 + 受者，或者在句末加个“未”表示疑问语气。

爸爸有冇俾水你？（爸爸有没有给你水？）

爸爸俾咗水你未？（爸爸给你水了吗？）

3)肯定句：主语 + 有 / 冇 + 动词 + 物体 + 受者

爸爸有俾水我。（爸爸给我水了。）

爸爸冇俾水我。（爸爸没有给我水。）

4)另外，如果一个双宾语句中存在两个动词，句式则为：主语 + 动词 + 物体 + 动词 + 受者

爸爸买咗本书俾我。（爸爸买了一本书给我。）

佢攞咗好多书俾我。（他拿了很多书给我。）

(5) 被动句

1)粤语中的被动句与普通话相同，只是普通话用“被”，而粤语用“俾”。

我嘅苹果俾佢食咗。（我的苹果被他吃了。）

我部手机俾人偷咗。（我的手机被人偷了。）

本簿俾佢化花咗。（本子被他画花了。）

2)另外，在普通话中，“被”后面可以省略施动者，而粤语不能。如果没有施动者，或者施动者未知，则用“人”来补充这一位置。

佢俾人打咗一餐。（他被打了一顿。）

（6） 判断句

粤语判断句常用“係……嚟架”表示，相当于普通话中“是……(的)”。

我唔係坏人嚟架。(我不是坏人。)

我係广东人嚟架。(我是广东人。)

佢係香港人嚟架。(他是香港人。)

（7） 否定句

粤语中，表示否定一般用“冇”“未”“唔”等词。“冇”与“未”均表示“没有”，但是“冇”是直接否定，而“未”是表示在某一时刻某动作或事物尚未完成。

我冇食饭。(我没有吃饭。)

我未食饭。(我还没有吃饭。)

我唔食得辣。(我不能吃辣。)

（8） 疑问句

粤语中表达疑问时较多使用正反疑问句，多用“未”“咩”等表疑问的语气词提示。而普通话里的疑问句通常在句末加“吗”，这与粤语里的“咩”用法相同。

1)正疑问句

你结咗婚未？(你结婚了吗？)

你上唔上班啊？(你上班吗？)

2)反疑问句

你唔知道咩？(你不知道吗？)

有我唔俾你咩？(有的话我不给你吗？)

三 句末语气词 Track 2-03

粤语中的句末语气词很多，一般来说固定句式会有一些习惯搭配。下面列举一些比较常用的语气词。

1)表示“肯定强调”的句末语气词有“架 / 嘅”和“个波”。

这里“架”与“嘅”的意思都是“的”，但是“嘅”不仅可以用在句末，还可以用在句中，而“架”则只能用在句末。

呢本书係我架 / 嘅。(这本书是我的。)

呢本係我嘅书。(这本是我的书。)

我都係呢间学校毕业个波 / 架 / 嘅。(我也是这所学校毕业的呢。)

2)表示“正反疑问”的句末语气词有“啩”“未”“咩”和“啊嘛”。其中“咩”“啩”“啊嘛”是反疑问词，在反问之中隐藏着惊讶的语气。

唔係啩？(不是吧？)

你嚟咗未？(你来了吗？)

你唔知咩？(你不知道吗？)

唔係啊嘛？(不是吧？)

3)表示“不满”的句末语气词有“咋”。

我先食咗一个面包咋。(我才吃了一个面包呀。)

我啱买翻嚟咋。(我才买回来呀。)

我啱忙完咋，你就识得催我。(我才忙完呀，你就会催我。)

4)表示“不以为意”的句末语气词有“啫”“之嘛”。

几文啫。(几块钱而已。)

小事啫。(小事而已啦。)

淋咗雨之嘛，冇事嘅。(淋了雨而已啦，没事的。)

5)“添”相当于普通话的“呢”，常跟“仲”连用。构成“仲……添”句式，意为“还……呢”。

我唔单只食咗一碗饭，仲食咗个面包添。(我不只吃了一碗饭，还吃了个面包呢。）

佢病咗仲加班添。（他病了还加班呢。）

我仲谂住同你去添。（我还想着和你一起去呢。）

6)“涡”作为句末语气词，有两种用法：

表“转述”，读“wo²”。

妈咪话佢唔翻嚟食饭涡。（妈妈说他不回来吃饭。）

细佬话要加班涡。（弟弟说公司要加班。）

佢话学校有事涡。（他说学校有事。）

用法与普通话“哦”相同，有轻微强调的语气，读“wo⁴”。

唔係涡。（不是哦。）

食晒了涡。（吃完了哦。）

我唔知涡。（我不知道哦。）

第3章

常用单词

一 国家城市
二 家庭称呼
三 身体部位
四 房屋住所
五 居家物品
六 服装饰品
七 时间日期
八 数字金钱
九 各种颜色
十 天气现象
十一 常见水果
十二 常见蔬菜
十三 各国美食
十四 酒水饮料
十五 自然风光
十六 动物世界
十七 花草树木
十八 交通工具
十九 道路交通
二十 公共场所
二十一 常见伤病
二十二 各种职业
二十三 办公用品
二十四 体育项目
二十五 节日及文化

一 国家城市

Track 3-01

粤语	粤拼	意思
中国	zung^{1} guog^{3}	中国
北京	beg^{1} ging^{1}	北京
上海	sêng^{6} hoi^{2}	上海
广州	guong^{2} zeo^{1}	广州
英国	ying^{1} guog^{3}	英国
伦敦	lên^{4} dên^{1}	伦敦
英格兰	ying^{1} gag^{3} lan^{4}	英格兰
美国	méi^{5} guog^{3}	美国
纽约	neo^{2} yêg^{3}	纽约
法国	fad^{3} guog^{3}	法国
巴黎	ba^{1} lei^{4}	巴黎
德国	deg^{1} guog^{3}	德国
柏林	pag^{3} lem^{4}	柏林
泰国	tai^{3} guog^{3}	泰国
曼谷	man^{4} gug^{1}	曼谷
韩国	hon^{4} guog^{3}	韩国
首尔	seo^{2} yi^{5}	首尔
朝鲜	qiu^{4} xin^{1}	朝鲜
日本	yed^{6} bun^{2}	日本

粤语	粤拼	意思
东京	dung¹ ging¹	东京
越南	yud⁶ nam⁴	越南
菲律宾	féi¹ lêd⁶ ben¹	菲律宾
马来西亚	ma⁵ loi⁴ sei¹ nga³	马来西亚
新加坡	sen¹ ga³ bo¹	新加波
加拿大	ga¹ na⁴ dai⁶	加拿大
新西兰	sen¹ sei¹ lan⁴	新西兰
西班牙	sei¹ ban¹ nga⁴	西班牙
马德里	ma⁵ deg¹ léi⁵	马德里
意大利	yi³ dai⁴ léi⁴	意大利
葡萄牙	pou⁴ tou⁴ nga⁴	葡萄牙
俄罗斯	ngo⁴ lo⁴ xi¹	俄罗斯
莫斯科	mog⁶ xi¹ fo¹	莫斯科
澳大利亚	ngou³ dai⁶ léi⁶ nga³	澳大利亚
墨尔本	med⁶ yi⁵ bun²	墨尔本
埃及	ngei¹ keb⁶	埃及
印度	yen³ dou⁶	印度
巴西	ba¹ sei¹	巴西

二 家庭称呼

Track 3-02

粤语	粤拼	意思
爸爸	ba⁴ ba¹	爸爸
妈妈	ma⁴ ma¹	妈妈
爷爷	yé⁴ yé⁴	爷爷
嫲嫲	ma⁴ ma⁴	奶奶
公公	gung¹ gung¹	外公
婆婆	po⁴ po²	外婆
伯伯	bag³ bag³	伯父
伯娘	bag³ nêng⁴	伯母
叔叔	sug¹ sug¹	叔叔
阿婶	a³ sem²	婶婶
舅父	keo⁵ fu²	舅舅
舅母	keo⁵ mou⁵	舅妈
姨妈	yi⁴ ma¹	姨妈
姨丈	yi⁴ zêng²	姨父
阿姨	a³ yi¹	小姨
姑妈	gu¹ ma¹	姑妈
姑丈	gu¹ zêng²	姑父
姑姑	gu¹ gu¹	姑姑
哥哥	go⁴ go¹	哥哥

粤语	粤拼	意思
大佬	dai⁶ lou²	哥哥
家姐	ga¹ zé¹	亲姐姐
弟弟	dei⁴ dei²	弟弟
细佬	sei³ lou²	弟弟
妹妹	mui⁴ mui²	妹妹
细妹	sei³ mui²	妹妹
表哥	biu² go¹	表哥
表姐	biu² zé²	表姐
表妹	biu² mui²	表妹
堂兄弟	tong⁴ hing¹ dei⁶	堂兄弟
表兄妹	biu² hing¹ mui²	表兄妹
心抱	sem¹ pou⁵	儿媳妇
太嫲	tai⁴ ma⁴	曾祖母
太爷	tai⁴ yé⁴	曾祖父
孙	xun¹	孙子
孙女	xun¹ nêu²	孙女
外甥	ngoi⁶ sang¹	外甥
侄仔	zed⁶ zei²	侄子
老公 / 婆	lou⁵ gung¹/po⁴	老公 / 老婆
仔	zei²	儿子
女	nêu²	女儿

三 身体部位

Track 3-03

粤语	粤拼	意思
头	teo4	头
头发	teo4 fad3	头发
面	min6	脸
额头	ngag6 teo4	额头
眉毛	méi6 mou4	眉毛
眼	ngan5	眼睛
眼睫毛	ngan5 jid3 mou4	眼睫毛
耳仔	yi5 zei2	耳朵
鼻哥	béi6 go1	鼻子
嘴	zêu2	嘴
牙齿	nga4 qi2	牙齿
脷	léi6	舌头
喉咙	heo4 lung4	喉咙
下爬	ha6 pa4	下巴
颈	géng2	脖子
颈椎	géng2 zêu1	颈椎
膊头	bog3 teo4	肩膀
手臂	seo2 béi3	手臂
手踭	seo2 zang1	手肘

粤语	粤拼	意思
手指	seo^2 ji^2	手指
手掌	seo^2 zêng^2	手掌
指甲	ji^2 gab^3	指甲
乳房	yu^5 fong^4	乳房
肋骨	lag^6 gued^1	肋骨
肚	tou^5	肚子
肚脐	tou^5 qi^4	肚脐
肠	cêng^2	肠
胃	wei^6	胃
心脏	sem^1 zong^6	心脏
脾	péi^4	脾
肾	sen^5	肾
胆囊	dam^2 nong^4	胆囊
背脊	bui^3 zég^3	脊背
腰	yiu^1	腰
屎忽	xi^2 fed^1	屁股
大髀	dai^6 béi^2	大腿
膝头哥	sed^1 teo^4 go^1	膝盖
小腿	xiu^2 têu^2	小腿
脚踭	gêg^3 zang^1	脚跟
脚底板	gêg^3 dei^2 ban^2	脚底

四 房屋住所

Track 3-04

粤语	粤拼	意思
别墅	bid^3 $sêu^6$	别墅
公寓	$gong^1$ yu^6	公寓
单身公寓	dan^1 sen^1 $gong^1$ yu^6	单身公寓
酒店公寓	zeo^2 dim^3 $gung^1$ yu^6	酒店公寓
复式楼	fug^1 xig^1 leo^2	复式楼
民房	men^4 $fong^4$	民房（楼梯房）
商品房	$sêng^1$ ben^2 $fong^2$	商品房
高层住宅	gou^1 $ceng^4$ ju^6 zag^6	高层住宅
楼梯	leo^4 tei^1	楼梯
楼层	leo^4 $ceng^4$	楼层
阳台	$yêng^4$ toi^2	阳台
天井	tin^1 $zéng^2$	天井
房间	$fong^4$ gan^1	房间
阁楼	gog^3 leo^2	阁楼
客厅	hag^3 $téng^1$	客厅
客房	hag^3 $fong^2$	客房
睡房	$sêu^6$ $fong^2$	睡房
卧室	ngo^6 sed^1	卧室
主卧	ju^2 ngo^6	主卧

粤语	粤拼	意思
次卧	qi3 ngo6	次卧
书房	xu1 fong2	书房
工人房	gung1 yen4 fong2	保姆房
厨房	cêu4 fong2	厨房
食饭厅	xig6 fan6 téng1	餐厅
洗手间	sei2 seo2 gan1	洗手间
杂物房	zab6 med6 fong2	杂物间
仓库	cong1 fu3	仓库
车库	cé1 fu3	车库
地下室	déi6 ha6 sed1	地下室
酒窖	zeo2 gao3	酒窖
游泳池	yeo4 wing6 qi3	游泳池
院	yun2	院子
私家花园	xi1 ga1 fa1 yun2	私家花园
铁闸	tid3 zab6	铁门
草坪	cou2 ping4	草坪
转角梳化	jun2 gog3 so1 fa2	转角沙发
席梦思	jig6 mung6 xi1	席梦思
落地窗	log6 déi6 cêng1	落地窗
地板	déi6 ban2	地板
地砖	déi6 jun1	地砖

五 居家物品 Track 3-05

粤语	粤拼	意思
电视机	din⁶ xi⁶ géi¹	电视
雪柜	xud³ guei⁶	冰箱
冷气机	lang⁵ héi³ géi¹	空调
书台	xu¹ toi²	书桌
梳化	so¹ fa²	沙发
床	cong⁴	床
床垫	cong⁴ din³	床垫
枕头	zem² teo⁴	枕头
被单	péi⁵ dan¹	被单
棉被	min⁴ péi⁵	棉被
衣柜	yi¹ guei⁶	衣柜
地毡	déi⁶ jin¹	地毯
茶几	ca⁴ géi¹	茶几
电视柜	din⁶ xi⁶ guei³	电视柜
浴缸	yug⁶ gong¹	浴缸
凳	deng³	凳子
花洒	fa¹ sa²	莲蓬头
水喉	sêu² heo⁴	水龙头
番枧	fan¹ gan²	肥皂

粤语	粤拼	意思
洗手液	sei² seo² yig⁶	洗手液
沐浴露	mug⁶ yug⁶ lou⁶	沐浴露
洗发水	sei² fad³ sêu²	洗发水
牙膏	nga⁴ gou¹	牙膏
毛巾	mou⁴ gen¹	毛巾
牙刷	nga⁴ cad²	牙刷
水杯	sêu² bui¹	水杯
锌盆	sen¹ pun²	洗手盆
马桶	ma⁵ tung²	马桶
纸巾	ji² gen¹	纸巾
窗帘	cêng¹ lin²	窗帘
风筒	fung¹ tung²	吹风机
风扇	fung¹ xin³	风扇
微波炉	méi⁴ bo¹ lou⁴	微波炉
电饭煲	din⁴ fan⁶ bou¹	电饭锅
收音机	seo¹ yem¹ géi¹	收音机
电灯胆	din⁶ deng¹ dam²	电灯泡
台灯	toi⁴ deng¹	台灯
镙丝批	lo⁴ xi¹ pei¹	螺丝刀
士吧拿	xi⁶ ba¹ na²	扳手
铰剪	gao³ jin²	剪刀

六 服装饰品

Track 3-06

粤语	粤拼	意思
西装	sei^{1} zong^{1}	西装
外套	ngoi^{6} tou^{3}	外套
职业装	jig^{1} yib^{6} zong^{1}	职业装
晚礼服	man^{5} lei^{5} fug^{6}	晚礼服
吊带衫	diu^{3} dai^{2} sam^{1}	吊带衣服
连衣裙	lin^{4} yi^{1} kuen^{4}	连衣裙
T 恤	T sêd^{1}	T 恤
衬衫	cen^{3} sam^{1}	衬衫
冷衫	lang^{1} sam^{1}	毛衣
牛仔裤	ngeo^{4} zei^{2} fu^{3}	牛仔裤
睡衣	sêu^{3} yi^{1}	睡衣
底衫裤	dei^{2} sam^{1} fu^{3}	内衣裤
打底裤	da^{2} dei^{2} fu^{3}	打底裤
泳衣	wing^{6} yi^{1}	泳衣
浴袍	yug^{6} pou^{4}	浴袍
背心	bui^{3} sem^{1}	背心
短裤	dün^{2} fu^{3}	短裤
手提袋	seo^{2} tei^{4} doi^{2}	手提包
耳环	yi^{2} wan^{2}	耳环

粤语	粤拼	意思
颈链	géng² lin²	项链
手链	seo² lin²	手链
手厄	seo² ngag²	手镯
发箍	fad³ ku¹	发箍
手表	seo² biu¹	手表
高踭鞋	gou¹ zang¹ hai⁴	高跟鞋
波鞋	bo¹ hai⁴	球鞋
皮鞋	péi⁴ hai⁴	皮鞋
拖鞋	to¹ hai²	拖鞋
棉袜	min⁴ mad⁶	棉袜
丝袜	xi¹ mad⁶	丝袜
领带	ling⁵ dai³	领带
皮带	péi⁴ dai²	皮带
腰带	yiu¹ dai²	腰带
围巾	wei⁴ gen¹	围巾
帽	mou²	帽子
羽绒	yu⁵ yung²	羽绒
手套	seo² tou⁴	手套
水衣	sêu³ yi¹	雨衣
水鞋	sêu² hai⁴	雨鞋

七 时间日期

Track 3-07

粤语	粤拼	意思
朝早	jiu^{1} zou^{2}	早上
上昼	sêng^{6} zeo^{3}	上午
晏昼	ngan^{3} zeo^{3}	中午
下昼	ha^{6} zeo^{3}	下午
挨晚	ai^{1} man^{2}	傍晚
晚黑	man^{5} hag^{1}	晚上
半夜	bun^{3} yé^{3}	半夜
今日	gem^{1} yed^{6}	今天
听日	ting^{1} yed^{6}	明天
琴日	kem^{4} yed^{6}	昨天
后日	heo^{6} yed^{6}	后天
前日	qin^{4} yed^{6}	前天
琴晚	kem^{4} man^{5}	昨晚
今朝	gem^{1} jiu^{1}	今天早上
周末	zeo^{1} mud^{6}	周末
星期六	xing^{1} kéi^{4} lug^{6}	星期六
礼拜日	lei^{5} bai^{3} yed^{6}	星期天
上个礼拜	sêng^{6} go^{3} lei^{5} bai^{3}	上周
今年	gem^{1} nin^{2}	今年

粤语	粤拼	意思
旧年	geo6 nin2	去年
出年	cêd1 nin2	明年
前年	qin4 nin2	前年
后年	heo6 nin2	后年
年初	nin4 co1	年初
年底	nin4 dei2	年底
一月	yed1 yud6	一月
十二月	seb6 yi6 yud6	十二月
月头	yud6 teo4	月初
月尾	yud6 méi5	月末
日期	yed6 kéi4	日期
季节	guei3 jid3	季节
春天	cên1 tin1	春天
夏天	ha6 tin1	夏天
秋天	ceo1 tin1	秋天
冬天	dung1 tin1	冬天
两个钟头	lêng5 go3 zung1 teo4	两个小时
个半钟	go3 bun3 zung1	一个半小时
三个字	sam1 go3 ji6	十五分钟
分钟	fen1 zung1	分钟
秒	miu2	秒

八 数字金钱

Track 3-08

粤语	粤拼	意思
一	yed1	一
二	yi6	二
三	sam1	三
四	séi3	四
五	ng5	五
六	lug6	六
七	ced1	七
八	bad3	八
九	geo2	九
十	seb6	十
百	bag3	百
千	qin1	千
万	man6	万
亿	yig1	亿
一百六十八	yed1 bag3 lug6 seb6 bad3	一百六十八
第九个	dei6 geo2 go3	第九个
十五号	seb6 ng5 hou6	十五号
廿四	ya6 séi3	二十四
卅七	sa1 ced1	三十七

粤语	粤拼	意思
九十九	geo2 seb6 geo2	九十九
一百	yed1 bag3	一百
一百零八	yed1 bag3 ling4 bad3	一百零八
现金	yin6 gem1	现金
散纸	san2 ji2	零钱
银纸	ngen4 ji2	钞票
文	men1	元
毫子	hou4 ji2	角
分	fen1	分
银仔	ngen2 zei2	硬币
三千三百文	sam1 qin1 sam1 bag3 men1	三千三百元
三十五文半	sam1 seb6 ng5 men1 bun3	三十五元五角
一千文	yed1 qin1 men1	一千元
赎钱	zug6 qin2	找钱
美元	méi5 yun4	美元
英镑	ying1 bong6	英镑
港纸	gong2 ji2	港币
人民币	yen4 men4 bei6	人民币
卢布	lou4 bou3	卢币
欧元	ngeo1 yun4	欧元
葡币	pou4 bei6	葡币

九 各种颜色

Track 3-09

粤语	粤拼	意思
颜色	ngan4 xig1	颜色
色调	xig1 diu6	色调
蓝色	lam4 xig1	蓝色
黑色	hag1 xig1	黑色
红色	hung4 xig1	红色
白色	bag6 xig1	白色
灰色	fui1 xig1	灰色
紫色	ji2 xig1	紫色
棕色	zung1 xig1	棕色
咖啡色	ga3 fé1 xig1	咖啡色
粉红色	fen2 hung4 xig1	粉红色
黄色	wong4 xig1	黄色
橙色	cang2 xig1	橙色
绿色	lug6 xig1	绿色
褐色	hod3 xig1	褐色
宝蓝色	bou2 lam4 xig1	宝蓝色
淡蓝色	tam5 lam4 xig1	淡蓝色
渐变色	jim6 bin3 xig1	渐变色
玫红色	mui4 hung4 xig1	玫红色

粤语	粤拼	意思
深红色	sem^{1} hung^{4} xig^{1}	深红色
奶白色	nai^{2} bag^{6} xig^{1}	乳白色
米黄色	mei^{2} wong^{4} xig^{1}	米黄色
粉紫色	fen^{2} ji^{2} xig^{1}	粉紫色
金黄色	gem^{1} wong^{4} xig^{1}	金黄色
银色	ngen^{4} xig^{1}	银色
墨绿色	meg^{6} lug^{6} xig^{1}	墨绿色
天蓝色	tin^{1} lam^{4} xig^{1}	天蓝色
蓝绿色	lam^{4} lug^{6} xig^{1}	蓝绿色
鲜红色	xin^{1} hung^{4} xig^{1}	鲜红色
紫罗兰	ji^{2} lo^{4} lan^{4}	紫罗兰
银灰色	ngen^{4} fui^{1} xig^{1}	银灰色
翠绿色	cêu^{3} lug^{6} xig^{1}	翠绿色
香槟色	hêng^{1} ben^{1} xig^{1}	香槟色
暗红色	ngem^{3} hung^{4} xig^{1}	暗红色
土黄色	tou^{2} wong^{4} xig^{1}	土黄色
红棕色	hung^{4} zung^{1} xig^{1}	红棕色
蔚蓝色	wei^{3} lam^{4} xig^{1}	蔚蓝色
浅色	qin^{2} xig^{1}	浅色
孔雀蓝	hung^{2} zêg^{3} lam^{4}	孔雀蓝
五颜六色	ng^{5} ngan^{4} lug^{6} xig^{1}	五颜六色

十 天气现象

Track 3-10

粤语	粤拼	意思
天晴	tin^{1} qing^{4}	晴天
阴天	yem^{1} tin^{1}	阴天
多云	do^{1} wen^{4}	多云
翻风	fan^{1} fung^{1}	起风
打台风	da^{2} toi^{4} fung^{1}	刮台风
落雨	log^{6} yu^{5}	下雨
雨微	yu^{5} méi^{1}	毛毛雨
暴雨	bou^{6} yu^{5}	暴雨
阵雨	zen^{6} yu^{5}	阵雨
狂风暴雨	kuong^{4} fung^{1} bou^{6} yu^{5}	狂风暴雨
行雷	heng^{4} lêu^{4}	打雷
闪电	xim^{2} din^{4}	闪电
冰雹	bing^{1} bog^{6}	冰雹
落雪	log^{6} xud^{3}	下雪
雾霾	mou^{6} mai^{4}	雾霾
露水	lou^{6} sêu^{2}	露水
海啸	hoi^{2} xiu^{3}	海啸
地震	déi^{6} zen^{3}	地震
沙尘暴	sa^{1} cen^{4} bou^{6}	沙尘暴

粤语	粤拼	意思
龙卷风	lung⁴ gün² fung¹	龙卷风
雨夹雪	yu⁵ gab³ xud³	雨夹雪
干燥	gon¹ cou³	干燥
干旱	gon¹ hon⁵	干旱
水灾	sêu² zoi¹	水灾
洪水	hung⁴ sêu²	洪水
水浸	sêu² zem³	水淹
温度	wen¹ dou⁶	温度
最高温度	zêu³ gou¹ wen¹ dou⁶	最高温度
冷空气	lang⁵ hung¹ héi³	冷空气
降温	gong³ wen¹	降温
霜冻	sêng¹ dung³	霜冻
结冰	gid³ bing¹	结冰
回南天	wui⁴ nam⁴ tin¹	梅雨天
凉爽	lêng⁴ song²	凉快
翳焗	ngei⁴ gug⁶	闷热
潮湿	qiu⁴ seb¹	潮湿
气流	héi³ leo⁴	气流
气压	héi³ ngad³	气压
摄氏度	xib³ xi⁶ dou⁶	摄氏度
华氏度	wa⁴ xi⁶ dou⁶	华氏度

十一 常见水果 Track 3-11

粤语	粤拼	意思
苹果	ping^{4} guo^{2}	苹果
雪梨	xud^{3} léi^{4}	雪梨
橙	cang^{2}	橙子
桔	ged^{1}	橘子
西瓜	sei^{1} gua^{1}	西瓜
哈密瓜	ha^{1} med^{6} gua^{1}	哈密瓜
水蜜桃	sêu^{2} med^{6} tou^{4}	水蜜桃
葡萄	pou^{4} tou^{4}	葡萄
火龙果	fo^{2} lung^{4} guo^{2}	火龙果
山竹	san^{1} zug^{1}	山竹
榴莲	leo^{4} lin^{4}	榴梿
车厘子	cé^{1} léi^{4} ji^{2}	樱桃
士多啤梨	xi^{6} do^{1} bé^{1} léi^{2}	草莓
蓝莓	lam^{4} mui^{2}	蓝莓
提子	tei^{4} ji^{2}	提子
牛油果	ngeo^{4} yeo^{4} guo^{2}	牛油果
蛇果	sé^{4} guo^{2}	蛇果
绿柚	lug^{1} yeo^{2}	柚子
西柚	sei^{1} you^{6}	西柚

粤语	粤拼	意思
芒果	mong1 guo2	杧果
奇异果	kéi4 yi6 guo2	猕猴桃
龙眼	lung4 ngan5	龙眼
荔枝	lei4 ji1	荔枝
枣	zou2	枣
香蕉	hêng1 jiu1	香蕉
椰子	yé3 ji2	椰子
无花果	mou4 fa1 guo2	无花果
油桃	yeo4 tou4	油桃
李	léi5	李子
菠萝 / 凤梨	bo1 lo4/fung6 léi2	菠萝
圣女果	xing6 nêu5 guo2	圣女果
蔓越莓	man4 yud6 mui4	蔓越莓
山楂	san1 za1	山楂
石榴	ség6 leo4	石榴
番石榴	fan1 ség6 leo4	番石榴
柠檬	ning4 mung1	柠檬
桑葚	song1 sem6	桑葚
木瓜	mug6 gua1	木瓜
枇杷	péi4 pa4	枇杷
甘蔗	gem1 zé3	甘蔗

十二 常见蔬菜 Track 3-12

粤语	粤拼	意思
蔬菜	so¹ coi³	蔬菜
白菜	bag⁶ coi³	白菜
番茄	fan¹ ké²	西红柿
矮瓜 / 茄瓜	ngei² gua¹/ké² gua¹	茄子
西芹	sei¹ ken²	西芹
芫茜	yim⁴ sei¹	香菜
香葱	hêng¹ cung¹	香葱
蒜苗	xun³ miu⁴	蒜苗
韭菜	geo² coi³	韭菜
生菜	sang¹ coi³	生菜
油麦菜	yeo⁴ meg⁶ coi³	油麦菜
芋头	wu⁶ teo²	芋头
番薯	fan¹ xu²	红薯
通菜 / 蕹菜	tung¹ coi³/ngong⁶ coi³	空心菜
洋葱	yêng⁴ cung¹	洋葱
蘑菇	mo⁴ gu¹	蘑菇
冬菇	dung¹ gu¹	香菇
胜瓜	xing³ gua¹	丝瓜
莲藕	lin⁴ ngeo²	莲藕

粤语	粤拼	意思
萝卜	lo⁴ bag⁶	萝卜
胡萝卜	wu⁴ lo⁴ bag⁶	胡萝卜
冬瓜	dung¹ gua¹	冬瓜
凉瓜	lêng⁴ gua¹	苦瓜
姜	gêng¹	姜
辣椒	lad⁶ jiu¹	辣椒
海带	hoi² dai³	海带
竹笋	zug¹ sên²	竹笋
芦笋	lou⁴ sên²	芦笋
木耳	mug⁶ yi²	木耳
荷兰豆	ho⁴ lan¹ deo²	荷兰豆
四季豆	séi³ guei³ deo²	四季豆
豆角	deo⁴ gog⁶	豆角
南瓜	nam⁴ gua¹	南瓜
菠菜	bo¹ coi³	菠菜
橄榄菜	gam² lam⁵ coi³	橄榄菜
芥菜	gai⁴ coi³	芥菜
西兰花	sei¹ lan⁴ fa¹	西兰花
花菜	fa¹ coi³	花菜
豆芽	deo⁴ nga⁴	豆芽
青瓜	céng¹ gua¹	黄瓜

十三 各国美食

Track 3-13

粤语	粤拼	意思
北京烤鸭	beg¹ ging¹ hao¹ ngab³	北京烤鸭
重庆火锅	cung⁶ hing³ fo² wo¹	重庆火锅
东坡肉	dung¹ po¹ yug⁶	东坡肉
豉汁排骨	xi⁶ zeb¹ pai⁴ gued¹	豉汁排骨
椒盐鸭下爬	jiu¹ yim⁴ ngab³ ha⁴ pa⁴	椒盐鸭下巴
艇仔粥	téng⁵ zei² zug¹	广州特色粥
肠粉	cêng² fen²	肠粉
客家酿豆腐	hag³ ga¹ yêng⁶ deo⁶ fu⁶	客家酿豆腐
米饭	mei² fan⁶	米饭
馒头	man⁴ teo⁴	馒头
水饺	sêu² gao²	水饺
凉皮	lêng⁴ péi⁴	凉皮
面、粉	min⁴, fen²	面，粉
粥	zug¹	粥
臭豆腐	ceo³ dou⁶ fu⁶	臭豆腐
海鲜	hoi² xin¹	海鲜
龙虾	lung⁴ ha¹	龙虾
燕窝	yin⁴ wo¹	燕窝
裹蒸粽	guo² jing¹ zong³	裹蒸粽

粤语	粤拼	意思
鲍鱼	bao¹ yu³	鲍鱼
鱼翅	yu⁶ qi⁴	鱼翅
杭帮菜	hong⁴ bong¹ coi³	杭帮菜
粤菜	yud⁶ coi³	粤菜
披萨	pi¹ sa³	比萨
热狗	yid⁶ geo²	热狗
面包	min⁶ bao¹	面包
寿司	seo³ xi¹	寿司
年糕	nin⁴ gou¹	年糕
泡菜	pao⁴ coi³	泡菜
牛扒	ngeo⁴ pa²	牛排
烤羊肉	hao¹ yêng⁴ yug⁶	烤羊肉
三文治	sam¹ men⁴ ji⁴	三明治
伊面	yi¹ min⁶	意大利面
朱古力	ju¹ gu¹ lig¹	巧克力
炸薯条	za³ xu³ tiu²	炸薯条
汉堡包	hon³ bou² bao¹	汉堡包
冬荫功	dung¹ yem¹ gung¹	冬荫功
咖喱虾	ga³ léi¹ ha¹	咖喱虾
雪糕	xud³ gou¹	冰激凌

十四 酒水饮料 Track 3-14

粤语	粤拼	意思
啤酒	bé^{1} zeo^{2}	啤酒
红酒	hung^{4} zeo^{2}	红酒
白酒	bag^{6} zeo^{2}	白酒
洋酒	yêng^{4} zeo^{2}	洋酒
鸡尾酒	gei^{1} méi^{5} zeo^{2}	鸡尾酒
马丁尼	ma^{2} ding^{1} néi^{4}	马丁尼
白兰地	bag^{6} lan^{4} déi^{6}	白兰地
清酒	qing^{1} zeo^{2}	清酒
开胃酒	hoi^{1} wei^{6} zeo^{2}	开胃酒
香槟	hêng^{1} ben^{1}	香槟
长岛冰茶	cêng^{4} dou^{2} bing^{1} ca^{4}	长岛冰茶
可乐	ho^{2} log^{6}	可乐
雪碧	xud^{3} big^{1}	雪碧
橙汁	cang^{2} zeb^{1}	橙汁
酸奶	xun^{1} nai^{1}	酸奶
牛奶	ngeo^{4} nai^{2}	牛奶
果汁	guo^{2} zeb^{1}	果汁
红茶	hung^{4} ca^{4}	红茶
绿茶	lug^{6} ca^{4}	绿茶

粤语	粤拼	意思
乌龙茶	wu^1 lung^2 ca^4	乌龙茶
铁观音	tid^3 gun^1 yem^1	铁观音
普洱	pou^2 néi^5	普洱
花茶	fa^1 ca^4	花茶
凉茶	lêng^4 ca^4	凉茶
奶昔	nai^2 xig^1	奶昔
豆浆	deo^6 zêng^1	豆浆
矿泉水	kuong^3 qun^4 sêu^2	矿泉水
柠檬水	ning^6 mung^1 sêu^2	柠檬水
咖啡	ga^3 fé^1	咖啡
意式浓缩咖啡	yi^3 xig^1 nong^4 sug^1 ga^3 fé^1	意式浓缩咖啡
黑加仑	hag^1 ga^1 lên^4	黑加仑
蒸馏水	jing^1 leo^4 sêu^2	蒸馏水
酸梅汁	xun^1 mui^4 zeb^1	酸梅汁
功夫茶	gung^1 fu^1 ca^4	功夫茶
碳酸饮料	tan^3 xun^1 yem^2 liu^2	碳酸饮料
芬达	fen^1 dad^6	芬达
奶茶	nai^2 ca^4	奶茶
冻柠茶	dung^3 ning^2 ca^4	柠檬片加红茶
冻柠乐	dung^3 ning^2 log^6	柠檬片加可乐
冻柠七	dung^3 ning^2 ced^1	七喜饮料加柠檬片

十五 自然风光

Track 3-15

粤语	粤拼	意思
地形	déi⁴ ying⁴	地形
盆地	pun⁴ déi⁶	盆地
丘陵	yeo¹ ling⁴	丘陵
平原	ping⁴ yun⁴	平原
高原	gou¹ yun⁴	高原
群岛	kuen⁴ dou²	群岛
沙滩	sa¹ tan¹	沙滩
绿洲	lug⁶ zeo¹	绿洲
悬崖	yun⁴ ngai⁴	悬崖
沙漠	sa¹ mog⁶	沙漠
森林	sem¹ lem⁴	森林
树林	xu⁶ lem⁴	树林
大海	dai⁶ hoi²	大海
浪花	long⁴ fa¹	浪花
湖泊	wu⁴ pag⁶	湖泊
江河	gong¹ ho⁴	江河
小溪	xiu² kei¹	小溪
草地	cou² déi⁶	草地
草原	cou² yun⁴	草原

粤语	粤拼	意思
温泉	wen¹ qun⁴	温泉
高山	gou¹ san¹	高山
山脉	san¹ meg⁶	山脉
山峰	san¹ fung¹	山峰
冰川	bing¹ qun¹	冰川
山川	san¹ qun¹	山川
蓝天	lam⁴ tin¹	蓝天
天空	tin¹ hung¹	天空
白云	bag⁶ wen⁴	白云
瀑布	bog⁶ bou³	瀑布
火山	fo² san¹	火山
山谷	san¹ gug¹	山谷
海峡	hoi² hab⁶	海峡
湿地	seb¹ déi⁴	湿地
漂流	piu¹ leo⁴	漂流
山洞	san¹ dung⁴	山洞
溶洞	yung⁴ dong⁴	溶洞
日出	yed⁶ cêd¹	日出
日落	yed⁶ log⁶	日落

十六 动物世界

Track 3-16

粤语	粤拼	意思
猪	ju¹	猪
狗	geo²	狗
马	ma²	马
牛	ngeo⁴	牛
奶牛	nai² ngeo⁴	奶牛
羊	yêng⁴	羊
鸡	gei¹	鸡
鸭	ngab³	鸭
蛇	sé⁴	蛇
兔	tou³	兔
马骝（口语）	ma¹ leo¹	猴子
猴子	heo⁴ zi²	猴子
大象	dai⁶ zêng⁴	大象
犀牛	sei¹ ngeo⁴	犀牛
河马	ho⁴ ma²	河马
老虎	lou² fu²	老虎
骆驼	log⁶ to⁴	骆驼
狮子	xi¹ ji²	狮子
猎豹	lib⁶ pao³	猎豹

粤语	粤拼	意思
恐龙	hung² lung⁴	恐龙
企鹅	kéi⁵ ngo²	企鹅
熊猫	hung⁴ mao¹	熊猫
狐狸	wu⁴ léi²	狐狸
刺猬	qi³ wei⁶	刺猬
老鼠	lou² xu²	老鼠
松鼠	cung⁴ xu²	松鼠
白鸽	bag⁶ geb³	白鸽
鹦鹉	ying¹ mou²	鹦鹉
乌鸦	wu¹ nga¹	乌鸦
丹顶鹤	dan¹ ding² hog⁶	丹顶鹤
猫头鹰	mao¹ teo⁴ ying¹	猫头鹰
雀仔	zêg⁶ zei²	小鸟
斑马	ban¹ ma²	斑马
长颈鹿	cêng⁴ géng² lug⁶	长颈鹿
鲸鱼	king⁴ yu²	鲸鱼
鳄鱼	ngog⁶ yu⁴	鳄鱼
鲨鱼	sa¹ yu²	鲨鱼
水母	sêu² mou²	水母
青蛙	qing¹ wa¹	青蛙
海龟	hoi² guei¹	海龟

十七 花草树木 Track 3-17

粤语	粤拼	意思
鲜花	xin¹ fa¹	鲜花
玫瑰	mui⁴ guei³	玫瑰
百合	bag⁶ heb⁶	百合
梅花	mui⁴ fa¹	梅花
杜鹃花	dou⁴ gün¹ fa¹	杜鹃花
荷花	ho⁴ fa¹	荷花
菊花	gug¹ fa¹	菊花
康乃馨	hong¹ nai² hing¹	康乃馨
满天星	mun² tin¹ xing¹	满天星
芦荟	lou⁴ wui³	芦荟
仙人掌	xin¹ yen⁴ zêng²	仙人掌
水仙花	sêu² xin¹ fa¹	水仙花
薰衣草	fen¹ yi¹ cou²	薰衣草
茉莉	mud³ léi²	茉莉
兰花	lan⁴ fa¹	兰花
常春藤	sêng⁴ cên¹ teng⁴	常春藤
桂花	guei³ fa¹	桂花
牡丹	meo² dan¹	牡丹
木棉花	mug⁶ min⁴ fa¹	木棉花

粤语	粤拼	意思
紫荆花	ji^{2} ging^{1} fa^{1}	紫荆花
向日葵	hêng^{3} yed^{6} kuei^{4}	向日葵
牵牛花	hin^{1} ngeo^{4} fa^{1}	牵牛花
蒲公英	pou^{4} gung^{1} ying^{1}	蒲公英
山茶花	san^{1} ca^{4} fa^{1}	山茶花
郁金香	wed^{1} gem^{1} hêng^{1}	郁金香
紫罗兰	ji^{2} lo^{4} lan^{4}	紫罗兰
月季	yud^{6} guei^{3}	月季
松树	cung^{4} xu^{6}	松树
枫树	fung^{1} xu^{6}	枫树
橡树	zêng^{6} xu^{6}	橡树
槐树	wai^{4} xu^{6}	槐树
梧桐	m^{4} tung^{4}	梧桐
柳树	leo^{2} xu^{6}	柳树
桦树	wa^{3} xu^{6}	桦树
白杨	bag^{6} yêng^{4}	白杨
棕榈树	zung^{1} lêu^{2} xu^{6}	棕榈树
椰树	yé^{3} xu^{6}	椰树
雪松	xud^{3} cung^{4}	雪松
竹	zug^{1}	竹子
红杉	hung^{4} cam^{3}	红杉

十八 交通工具

Track 3-18

粤语	粤拼	意思
飞机	$féi^1$ $géi^1$	飞机
火车	fo^2 $cé^1$	火车
的士	dig^1 xi^2	出租车
巴士	ba^1 xi^2	公交车
单车	dan^1 $cé^1$	自行车
私家车	xi^1 ga^1 $cé^1$	私家车
摩托车	mo^1 tog^6 $cé^1$	摩托车
缆车	lam^6 $cé^1$	缆车
轮船	$lên^4$ xun^4	轮船
游艇	yeo^4 $téng^2$	游艇
游轮	yeo^4 $lên^4$	游轮
渡轮	dou^6 $lên^4$	渡轮
地铁	$déi^6$ tid^3	地铁
轻轨	$héng^1$ $guei^2$	轻轨
拖拉机	to^1 lai^1 $géi^1$	拖拉机
电车	din^6 $cé^1$	电车
马车	ma^2 $cé^1$	马车
跑车	pao^2 $cé^1$	跑车
越野车	yud^3 $yé^2$ cé	越野车

粤语	粤拼	意思
电动车	din⁴ dung⁴ cé¹	电动车
直升机	jig⁶ xing¹ géi¹	直升机
吉普车	ged¹ pou² cé¹	吉普车
房车	fong² cé¹	房车
汽车	héi³ cé¹	汽车
三轮车	sam¹ lên⁴ cé¹	三轮车
软卧	yun⁵ ngo⁶	软卧
硬座	ngang⁶ zo⁶	硬座
观光车	gun¹ guong¹ cé¹	观光车
赛车	coi³ cé¹	赛车
人力车	yen⁴ lig⁶ cé¹	人力车
花轿	fa¹ giu²	花轿
潜水艇	qim⁴ sêu² téng²	潜水艇
宇宙飞船	yu⁵ zeo⁶ féi¹ xun⁴	宇宙飞船

十九 道路交通 Track 3-19

粤语	粤拼	意思
刹车	sad^{3} cé^{1}	刹车
离合器	léi^{4} heb^{6} héi^{3}	离合器
高速公路	gou^{1} cug^{1} gung^{1} lou^{6}	高速公路
公路	gung^{1} lou^{6}	公路
快车道	fai^{3} cé^{1} dou^{6}	快车道
隧道	sêu^{6} dou^{6}	隧道
立交桥	leb^{6} gao^{1} kiu^{4}	立交桥
人行横道	yen^{4} heng^{4} wang^{4} dou^{6} xin^{3}	人行横道
斑马线	ban^{1} ma^{2} xin^{3}	斑马线
红绿灯	hung^{4} lug^{6} deng^{1}	红绿灯
十字路口	seb^{6} ji^{6} lou^{6} heo^{2}	十字路口
禁止鸣笛	gem^{3} ji^{2} ming^{4} dég^{6}	禁止鸣笛
禁止驶入	gem^{3} ji^{2} sei^{2} yeb^{6}	禁止驶入
禁止停车	gem^{3} ji^{2} ting^{4} cé^{1}	禁止停车
禁止吸烟	gem^{3} ji^{2} keb^{1} yin^{1}	禁止吸烟
前方拍照	qin^{4} fong^{1} pag^{3} jiu^{3}	前方拍照
停车指示灯	ting^{4} cé^{1} ji^{2} xi^{6} deng^{1}	停车指示灯
车牌	cé^{1} pai^{2}	车牌
保持车距	bou^{2} qi^{4} cé^{1} kêu^{5}	保持车距

粤语	粤拼	意思
超速	qiu1 cug1	超速
减速	gam2 cug1	减速
方向盘	fong1 hêng3 pun4	方向盘
收费口	seo1 fei3 heo2	收费口
引擎盖	yen5 king4 goi3	引擎盖
雨刮器	yu5 guad3 héi3	雨刷器
安全带	ngon1 qun4 dai2	安全带
后备箱	heo6 béi6 sêng1	后备箱
天窗	tin1 cêng1	天窗
分岔口	fen1 ca3 heo2	岔路口
轮呔	lên4 tai1	轮胎
挡风玻璃	dong2 fung1 bo1 léi1	挡风玻璃
减速带	gam2 cug1 dai3	减速带
向左/右看	hêng3 zo2/yeo6 hon3	向左/右看
汽油	héi3 yeo4	汽油
泊车	pag3 cé1	停车
倒车	dou3 cé1	倒车
双向	sêng1 hêng3	双向
单行线	dan1 heng4 xin3	单行线

二十 公共场所

Track 3-20

粤语	粤拼	意思
机场	géi1 cêng4	机场
游乐园	yeo4 log6 yun4	游乐园
动物园	dung6 med6 yun4	动物园
公园	gung1 yun2	公园
商场	sêng1 cêng4	商场
地铁站	déi6 tid3 zam6	地铁站
火车站	fo2 cé1 zam6	火车站
银行	ngen4 hong4	银行
医院	yi1 yun2	医院
学校	hog6 hao6	学校
图书馆	tou4 xu1 gun2	图书馆
餐厅	can1 téng1	餐厅
咖啡厅	ga3 fé1 téng1	咖啡厅
体育馆	tei2 yug6 gun2	体育馆
博物馆	bog6 med6 gun2	博物馆
街市	gai1 xi5	菜市场
酒店	zeo2 dim3	酒店
旅馆	lêu5 gun2	旅馆
报亭	bou3 ting4	报亭

粤语	粤拼	意思
药房	yêg6 fong4	药房
停车场	ting4 cé1 cêng4	停车场
十字路口	seb6 ji6 lou6 heo2	十字路口
邮局	yeo4 gug2	邮局
派出所	pai3 cêd1 so2	派出所
购物中心	keo3 med6 zung1 sem1	购物中心
酒吧	zeo2 ba1	酒吧
娱乐场所	yu4 log6 cêng4 so2	娱乐场所
歌剧院	go1 kég6 yun2	歌剧院
电影院	din6 ying2 yun2	电影院
自然保护区	ji6 yin4 bou2 wu6 kêu1	自然保护区
景区	ging2 kêu1	景区
幼稚园	yeo3 ji3 yun2	幼儿园
教堂	gao3 tong2	教堂
街道	gai1 dou6	街道
住宅区	ju6 zag6 kêu1	住宅区
加油站	ga1 yeo4 zam6	加油站
商业区	sêng1 yib6 kêu1	商业区
写字楼	sé2 ji3 leo2	写字楼
超市	qiu1 xi5	超市
电梯	din6 tei1	电梯

二十一 常见伤病 Track 3-21

粤语	粤拼	意思
感冒	gem² mou⁴	感冒
发烧	fad³ xiu¹	发烧
咳嗽	ked¹ seo³	咳嗽
屙肚	ngo¹ tou²	拉肚子
肚痛	tou² tung³	肚子痛
头痛	teo⁴ tung³	头痛
心脏病	sem¹ zong⁶ béng⁶	心脏病
糖尿病	tong⁴ niu⁴ béng⁶	糖尿病
痔疮	ji⁶ cong¹	痔疮
关节炎	guan¹ jid³ yim⁴	关节炎
风湿	fung¹ seb¹	风湿
颈椎病	géng² zêu¹ béng⁶	颈椎病
骨折	gued¹ jid³	骨折
烧伤	xiu¹ sêng¹	烧伤
痛经	tung³ ging¹	痛经
流感	leo⁴ gem²	流感
结膜炎	gid³ mog⁶ yim⁴	结膜炎
阑尾炎	lan⁴ méi⁵ yim⁴	阑尾炎
贫血	pen⁴ hüd³	贫血

粤语	粤拼	意思
皮肤过敏	péi⁴ fu¹ guo³ men⁵	皮肤过敏
中风	zung³ fung¹	中风
癌症	ngam⁴ jing³	癌症
便秘	bin⁶ béi³	便秘
水痘	sêu² deo²	荨麻疹
肝炎	gon¹ yim⁴	肝炎
白血病	bag⁶ hüd³ béng⁶	白血病
肾病	sen⁶ béng⁶	肾病
胃出血	wei⁶ cêd¹ hüd³	胃出血
胃痛	wei⁶ tung³	胃痛
胃抽筋	wei⁶ ceo¹ gen¹	胃抽筋
脾胃虚	péi⁴ wei⁶ hêu¹	脾胃虚
沙眼	sa¹ ngan⁵	沙眼
红眼病	hung⁴ ngan⁵ béng⁶	红眼病
痱兹	féi¹ ji¹	口腔溃疡
静脉曲张	jing⁴ meg⁶ kug¹ zêng¹	静脉曲张
鼻炎	béi⁶ yim⁴	鼻炎
扁桃体发炎	bin² tou⁴ tei² fad³ yim⁴	扁桃体发炎
高血压	gou¹ hüd³ ngad³	高血压
肺炎	fei³ yim⁴	肺炎
扭伤	neo² sêng¹	扭伤

二十二 各种职业 Track 3-22

粤语	粤拼	意思
军人	guen¹ yen⁴	军人
警察	ging² cad³	警察
医生	yi¹ seng¹	医生
教师	gao³ xi¹	教师
飞行员	féi¹ heng⁴ yun⁴	飞行员
银行家	ngen⁴ hong⁴ ga¹	银行家
法官	fad³ gun¹	法官
律师	lêd⁶ xi¹	律师
船长	xun⁴ zêng²	船长
消防员	xiu¹ fong⁴ yun⁴	消防员
保安	bou² ngon¹	保安
清洁工	qing¹ gid³ gung¹	清洁工
服务员	fug⁶ mou⁴ yun⁴	服务员
裁缝	coi⁴ fung⁴	裁缝
邮递员	yeo⁴ dei³ yun⁴	邮递员
司机	xi¹ géi¹	司机
导演	dou⁴ yin²	导演
演员	yin² yun⁴	演员
设计师	qid³ gei³ xi¹	设计师

粤语	粤拼	意思
画家	wa² ga¹	画家
歌唱家	go¹ cêng³ ga¹	歌唱家
科学家	fo¹ hog⁶ ga¹	科学家
会计	wui⁶ gei³	会计
商人	sêng¹ yen⁴	商人
公务员	gung¹ mou⁴ yun⁴	公务员
运动员	wen⁶ dung⁶ yun⁴	运动员
主持人	ju² qi⁴ yen⁴	主持人
记者	géi³ zé²	记者
药剂师	yêg⁶ zei³ xi¹	药剂师
导游	dou⁶ yeo⁴	导游
工程师	gung¹ qing⁴ xi¹	工程师
厨师	cêu⁴ xi¹	厨师
书法家	xu¹ fad³ ga¹	书法家
翻译官	fan¹ yig⁶ gun¹	翻译官
外交官	ngoi⁶ gao¹ gun¹	外交官
装修工	zong¹ seo¹ gung¹	装修工
门卫	mun⁴ wei⁶	门卫
工人	gung¹ yen⁴	工人
售货员	seo³ fo³ yun⁴	售货员
农民	nung⁴ men⁴	农民

二十三 办公用品 Track 3-23

粤语	粤拼	意思
圆珠笔	yun^4 ju^1 bed^1	圆珠笔
钢笔	gong^3 bed^1	钢笔
粉笔	fen^2 bed^1	粉笔
蜡笔	lab^6 bed^1	蜡笔
毛笔	mou^4 bed^1	毛笔
铅笔	yun^4 bed^1	铅笔
黑板	hag^1 ban^2	黑板
计算器	gei^3 xun^3 héi^3	计算器
墨水	meg^6 sêu^2	墨水
圆规	yun^4 kuei^1	圆规
尺	cég^6	尺子
涂改液	tou^4 goi^2 yig^6	修正液
文件夹	men^4 gin^2 gab^3	文件夹
档案袋	dong^2 ngon^3 doi^2	档案袋
票据夹	piu^3 gêu^3 gab^3	票据夹
卡套	ked^1/ka^1 tou^3	卡套
公文包	gung^1 men^4 bao^1	公文包
胶水	gao^1 sêu^2	胶水
胶纸	gao^1 ji^2	透明胶

粤语	粤拼	意思
双面胶	sêng^{1} min^{6} gao^{1}	双面胶
图钉	tou^{4} ding^{1}	图钉
订书机	déng^{1} xu^{1} géi^{1}	订书机
胶擦	gao^{1} cad^{6}	橡皮擦
便利签	bin^{6} léi^{6} qim^{1}	便利贴
铰剪	gao^{3} jin^{2}	剪刀
卷笔刀	gün^{2} bed^{1} dou^{1}	卷笔刀
扫描仪	sou^{3} miu^{4} yi^{4}	扫描仪
复印机	fug^{1} yen^{4} géi^{1}	复印机
传真机	qun^{4} zen^{1} géi^{1}	传真机
A4 纸	A 4ji^{2}	A4 纸
穿孔机	qun^{1} hung^{2} géi^{1}	打孔机
回形针	wui^{4} ying^{4} zem^{1}	回形针
橡筋	zêng^{6} gen^{1}	橡皮筋
放大镜	fong^{4} dai^{3} géng^{3}	放大镜
记号笔	géi^{3} hou^{3} bed^{1}	记号笔
笔筒	bed^{1} tung^{2}	笔筒
笔记簿	bed^{1} géi^{3} bou^{2}	笔记本
展示架	jin^{2} xi^{6} ga^{3}	展示架
电脑	din^{6} nou^{2}	电脑
字典	ji^{6} din^{2}	字典

二十四 体育项目 Track 3-24

粤语	粤拼	意思
射箭	sé⁶ jin³	射箭
射击	sé⁶ gig¹	射击
羽毛球	yu⁵ mou⁴ keo⁴	羽毛球
棒球	pang⁵ keo⁴	棒球
篮球	lam⁴ keo⁴	篮球
排球	pai⁴ keo⁴	排球
网球	mong⁵ keo⁴	网球
足球	zug¹ keo⁴	足球
台球	toi⁴ keo⁴	桌球
垒球	lêu⁴ keo⁴	垒球
乒乓球	bing¹ bem¹ keo⁴	乒乓球
橄榄球	gem² lam⁵ keo⁴	橄榄球
高尔夫	gou¹ yi² fu¹	高尔夫
赛车	coi³ cé¹	赛车
拳击	kün⁴ gig¹	拳击
体操	tei² cou¹	体操
举重	gêu² cung⁵	举重
跳高	tiu³ gou¹	跳高
柔道	yeo⁴ dou⁶	柔道

粤语	粤拼	意思
空手道	hung¹ seo² dou⁶	空手道
跆拳道	toi⁴ kün⁴ dou⁶	跆拳道
曲棍球	kug¹ guen³ keo⁴	曲棍球
田径	ting⁴ ging³	田径
长跑	cêng⁴ pao²	长跑
马拉松	ma² lai¹ cung⁴	马拉松
滑雪	wad⁶ xud³	滑雪
滑翔伞	wad⁶ cêng⁴ san²	滑翔伞
皮划艇	péi⁴ wad⁶ téng⁵	皮划艇
游水	yeo⁴ sêu²	游泳
摔跤	sêd¹ gao¹	摔跤
跳远	tiu³ yun⁵	跳远
帆船	fan¹ xun⁴	帆船
登山	deng¹ san¹	登山
马术	ma² sêd⁶	马术
剑术	gim³ sêd⁶	剑术
自行车赛	ji⁶ heng⁴ cé¹ coi³	自行车赛
水上芭蕾	sêu² sêng⁴ ba¹ lêu⁴	水上芭蕾
跳水	tiu³ sêu²	跳水
潜水	qim⁴ sêu²	潜水
跳绳	tiu³ xing⁵	跳绳

二十五 节日及文化

Track 3-25

粤语	粤拼	意思
春节	cên^{1} jid^{3}	春节
元宵节	yun^{4} xiu^{1} jid^{3}	元宵节
妇女节	fu^{5} nêu^{5} jid^{3}	妇女节
清明节	qing^{1} ming^{4} jid^{3}	清明节
劳动节	lou^{4} dung^{6} jid^{3}	劳动节
端午节	dün^{1} ng^{5} jid^{3}	端午节
儿童节	yi^{4} tung^{4} jid^{3}	儿童节
建军节	gin^{3} guen^{1} jid^{3}	建军节
父亲节	fu^{6} cen^{1} jid^{3}	父亲节
母亲节	mou^{5} cen^{1} jid^{3}	母亲节
教师节	gao^{3} xi^{1} jid^{3}	教师节
中秋节	zung^{1} ceo^{1} jid^{3}	中秋节
国庆节	guog^{3} hing^{6} jid^{3}	国庆节
元旦节	yun^{4} dan^{3} jid^{3}	元旦
针灸	zem^{1} geo^{3}	针灸
灯笼	deng^{1} lung^{4}	灯笼
汉字	hon^{3} ji^{6}	汉字
书法	xu^{1} fad^{3}	书法
茶道	ca^{4} dou^{6}	茶道

粤语	粤拼	意思
儒教	yu⁴ gao³	儒教
挥春	fei¹ cên¹	对联
京剧	ging¹ kég⁶	京剧
粤剧	yud⁶ kég⁶	粤剧
象棋	zêng⁶ kéi⁴	象棋
吟诗	yem⁴ xi¹	吟诗
炮仗	pao⁴ zêng²	鞭炮
刺绣	qi³ seo³	刺绣
赛龙舟	coi³ lung⁴ zeo¹	赛龙舟
剪纸	jin² ji²	剪纸
皮影戏	péi⁴ ying² héi³	皮影戏
丝绸	xi¹ ceo⁴	丝绸
中医	zung¹ yi¹	中医
国画	guog³ wa²	国画
瓷器	qi⁴ héi³	瓷器
风筝	fung¹ zeng¹	风筝
功夫	gung¹ fu¹	功夫
双节棍	sêng¹ jid³ guen³	双节棍
咏春拳	wing⁵ cên¹ kün⁴	咏春拳
折扇	jid³ xin³	折扇

第 4 章

口语化单句

一 高兴

Track 4-01

	例句	注释
1	我好开心[1]。 ngo⁵ hou² hoi¹ sem¹ 我很开心。	(1) 开心：口语，表示高兴。
2	佢等[2]佢个仔[3]感到开心。 kêu⁵ deng³ kêu⁵ go³ zei² gem² dou³ hoi¹ sem¹ 他替自己的儿子感到开心。	(2) 等：替，替代 (3) 仔：儿子。另外，当表示小东西、小物体时，也可以加在相应名词后。如凳仔(小凳子)、镜仔(小镜子)。
3	我好[4]开心识得[5]你。 ngo⁵ hou² hoi¹ sem¹ xig¹ deg¹ néi⁵ 我很开心认识你。	(4) 好：很、非常。副词，在这里修饰动词“开心”。 (5) 识得：认识
4	我今日心情好[6]好。 ngo⁵ gem¹ yed⁶ sem¹ qing⁴ hou² hou² 我今天心情很好。	(6) 好：这里的“好”也作副词，很、非常，修饰其后的形容词“好”。
5	呢个[7]消息令我好开心。 ni¹ go³ xiu¹ xig¹ ling⁴ ngo⁵ hou² hoi¹ sem¹ 这个消息令我很开心。	(7) 呢个：这个。“呢”是指示代词，近指“这”，可以省略。
6	非常之[8]开心你做到嘞。 féi¹ sêng⁴ ji¹ hoi¹ sem¹ néi⁵ zou⁶ dou² lag³ 非常开心你做到了。	(8) 非常之：非常地。“之”起装饰作用。

7

好开心又见到你。

hou[2] hoi[1] sem[1] yeo[3] gin[3] dou[2] néi[5]

很开心又见到你了。

8

我哋[(9)]都好羡慕你过得幸福。

ngo[5] hou[2] hoi[1] sem[1] néi[5] guo[3] deg[1] heng[6] fug[1]

我们都很羡慕你过得幸福。

(9) 我哋：我们

9

小朋友食到咗[(10)]佢一直想食嘅[(11)]雪糕。

xiu[2] peng[4] yeo[5] xig[6] dou[2] zo[2] kêu[5] yed[1] jig[6] sêng[2] xig[6] gé[3] xud[3] gou[1]

小朋友吃到了他一直想吃的冰激凌。

(10) 咗：了。表示完成。

(11) 嘅：的

10

我为你哋[(12)]嘅成功感到开心。

ngo[5] wei[6] néi[6] déi[6] gé[3] xing[4] gung[1] gem[2] dou[4] hoi[1] sem[1]

我为你们的成功感到开心。

(12) 你哋：你们

11

我拿咗第一名，好兴奋啊。

ngo[5] lo[2] zo[2] dei[6] yed[1] ming[4], hou[2] hing[1] fen[5] a[3]

我拿了第一名，很兴奋啊。

12

佢[(13)]好激动。

kêu[5] hou[2] gig[1] dung[6]

他很激动。

(13) 佢：他

二 不高兴

Track 4-02

1

我感到好痛苦。

ngo5 gem2 dou3 hou2 tung3 fu2

我感到很痛苦。

2

佢成日(1)都皱眉。

kêu5 séng4 yed6 dou1 zeo3 méi4

他整天都愁眉苦脸。

(1) 成日：整天。成：整个，全部。

3

我今日冇(2)心情去参加聚会。

ngo5 gem1 yed6 mou5 sem1 qing4 hêu3 cam1 ga1 zêu6 wui6

我今天没有心情去参加聚会。

(2) 冇：没有

4

佢一日都喺度(3)抱怨。

kêu5 yed1 yed6 dou1 hei2 dou3 pou5 yun3

他一天都在这儿抱怨。

(3) 喺度：在这里，在那里

5

你真係(4)好烦。

néi5 zen1 hei6 hou2 fan4

你真是好烦。

(4) 真係：真是

6

你冇(5)嘈住(6)晒(7)啦。

néi5 mou5 cou4 ju6 sai3 la1

你别在这里乱吵啦。

(5) 冇：不要，别。是“唔好”（不要）的连音简写。
(6) 嘈住：吵着
(7) 晒：完全，全部。在句中指“完全就是在那里吵，无其他事情”。

7

听到呢个[8]消息我好伤心。

téng^1 dou^3 ni^1 go^3 xiu^1 xig^1 ngo^5 hou^2 sêng^1 sem^1

听到这个消息我很伤心。

(8) 呢个：这个

8

佢好似[9]喊[10]咗[11]。

kêu^5 hou^2 qi^5 ham^3 zo^2

他好像哭了。

(9) 好似：好像

(10) 喊：哭

(11) 咗：了

9

我心情唔[12]好。

ngo^5 sem^1 qing^4 m^4 hou^2

我心情不好。

(12) 唔：不

10

我被妈妈闹[13]咗一餐[14]。

ngo^5 béi^3 ma^4 ma^1 nao^6 zo^2 yed^1 can^1

我被妈妈骂了一顿。

(13) 闹：骂

(14) 一餐：一顿。是量词，一般与“吃”“骂”“打”连用。

11

今晚又要加班。

ngo^5 gem^1 man^1 yeo^3 yiu^3 ga^1 ban^1

今晚又要加班。

12

我唔想[15]见到呢个人。

ngo^5 m^4 sêng^2 gin^3 dou^2 ni^1 go^3 yen^4

我不想见到这个人。

(15) 唔想：不想，不愿意

三 生气

Track 4-03

1

我好嬲(1)啊！

ngo^5 hou^2 neo^1 a^3

我好生气啊！

(1) 嬲：生气

2

我真係被佢激(2)死嘞(3)。

ngo^5 zen^1 hei^6 béi^2 kêu^5 gig^1 séi^2 lag^3

我真是被他气死了。

(2) 激：气

(3) 嘞：了

3

我真係顶你唔顺(4)啦。

Ngo^5 zen^1 hei^6 ding^2 néi^5 m^4 sên^4 la^3

我真是受不了你啦。

(4) 顶你唔顺：受不了你。顶，可作动词，例如“顶颈”（顶嘴）。

4

又塞车(5)。

yeo^4 seg^1 cé^1

又堵车。

(5) 塞车：堵车

5

佢迟到嘞，老细(6)闹(7)佢。

kêu^5 qi^4 dou^3 lag^3 , lou^5 sei^3 nao^6 kêu^5

他迟到了，老板骂他。

(6) 老细：老板

(7) 闹：骂

6

佢发晒(8)烂渣(9)。

kêu^5 fad^3 sai^3 lan^4 za^2

他发飙了。

(8) 晒：完全、全部。用在动词或者形容词后起补充限定作用。此句话表示发飙很彻底，程度很严重。

(9) 烂渣：发飙

7

你睇[10]佢嬲爆爆噉[11]。

néi^{5} tei^{2} kêu^{5} neo^{1} bao^{3} bao^{3} gem^{2}

你看他很生气的样子。

(10) 睇：看

(11) 嬲爆爆噉：很生气的样子。

8

我对佢嘅行为真係忍无可忍。

ngo^{5} dêu^{3} kêu^{5} gé^{3} heng^{4} wei^{4} zen^{1} hei^{6} yen^{2} mou^{4} ho^{2} yen^{2}

我对他的行为真是忍无可忍。

9

佢哋喺度[12]嘈交[13]。

kêu^{5} déi^{6} hei^{2} dou^{3} cou^{4} gao^{1}

他们正在吵架。

(12) 喺度：正在

(13) 嘈交：吵架

10

佢哋好似[14]要郁手[15]啊。

kêu^{5} déi^{6} hou^{2} qi^{5} yiu^{3} yug^{1} seo^{2} a^{3}

他们好像要动手啊。

(14) 好似：好像

(15) 郁手：动手

11

佢一唔开心就猛[16]咁食嘢[17]。

kêu^{5} yed^{1} m^{4} hoi^{1} sem^{1} zeo^{6} mang^{5} gem^{2} xig^{6} yé^{2}

他一不开心就猛吃东西。

(16) 猛：一直，不停地

(17) 食嘢：吃东西

12

呢个时候千祈[18]冇[19]激[20]佢。

ni^{1} go^{3} xi^{4} heo^{6} qin^{1} kéi^{4} mou^{5} gig^{1} kêu^{5}

这个时候千万别惹他。

(18) 千祈：千万

(19) 冇：不要，别。是“唔好”的连音缩写。

(20) 激：惹，导致……结果

四 遗憾

Track 4-04

1

我好后悔我咁⁽¹⁾做。

ngo⁵ hou² heo⁶ fui³ ngo⁵ gem³ zou⁶

这么做我很后悔。

(1) 咁：这么，这样

2

我唔应该同⁽²⁾爸爸嘈交⁽³⁾。

ngo⁵ m⁴ ying¹ goi¹ tung⁴ ba⁴ ba¹ cou⁴ gao¹

我不应该和爸爸吵架。

(2) 同：和，跟

(3) 嘈交：吵架

3

有一日佢会后悔嘅。

yeo⁵ yed¹ yed⁶ kêu⁵ wui⁵ heo⁶ fui³ gé³

有一天他会后悔的。

4

我为我自己做嘅事感到后悔。

ngo⁵ wei⁴ ji³ géi² zou⁶ gé³ xi⁶ gem² dou³ heo⁶ fui³

我为自己做的事感到后悔。

5

我觉得我做错嘞。

ngo⁵ gog⁶ deg¹ ngo⁵ zou⁶ co³ lag³

我觉得我做错了。

6

我后悔辞咗⁽⁴⁾职。

ngo⁵ heo⁶ fui³ qi⁴ zo² jig¹

我后悔辞职了。

(4) 咗：了

7

好遗憾佢嚟唔到(5)。

hou^{2} wei^{4} hem^{6} kêu^{5} lei^{4} m^{4} dou^{2}

很遗憾他来不了。

(5) 嚟唔到：来不了

8

好遗憾，佢错过咗(6)班机。

hou^{2} wei^{4} hem^{6}, kêu^{5} co^{3} guo^{3} zo^{2} ban^{1} géi^{1}

很遗憾，他错过了航班。

(6) 咗：了

9

好遗憾，我听日(7)参加唔到聚会嘞。

hou^{2} wei^{4} hem^{6}, ngo^{5} ting^{1} yed^{6} cam^{1} ga^{1} m^{4} dou^{2} zêu^{6} wui^{6} lag^{3}

很遗憾，我明天参加不了聚会了。

(7) 听日：明天

10

你谂(8)清楚，第日(9)冇后悔啊。

néi^{5} nem^{2} qing^{1} co^{2}, dei^{6} yed^{6} mou^{2} heo^{6} fui^{3} a^{3}

你想清楚，以后不要后悔啊。

(8) 谂：想，考虑，思考
(9) 第日：改天，以后

11

呢个(10)世界冇后悔药食(11)。

ni^{1} go^{3} sei^{3} gai^{3} mou^{2} heo^{6} fui^{3} yêg^{6} xig^{6}

这个世界没有卖后悔药的。

(10) 呢个：这个
(11) 食：吃

12

你做咗就翻(12)唔到转头(13)嘞。

néi^{5} zou^{6} zo^{2} zeo^{6} fan^{1} m^{4} dou^{2} jun^{3} teo^{4} lag^{3}

你做了就回不了头了。

(12) 翻：回。使动作恢复到原来状态。
(13) 转头：回头

五 担心

Track 4-05

1

我好担心佢啊。

ngo⁵ hou² dam¹ sem¹ kêu⁵ a³

我好担心他啊。

2

我哋(1)都好担心佢嘅(2)安全。

ngo⁵ déi⁶ dou¹ hou² dam¹ sem¹ kêu⁵ gé³ ngon¹ qun⁴

我们都很担心他的安全。

(1) 我哋：我们

(2) 嘅：的

3

我为细佬(3)感到担心。

ngo⁵ wei⁴ sei³ lou² gem² dou³ dam¹ sem¹

我为弟弟感到担心。

(3) 细佬：弟弟

4

冇(4)担心咁(5)多啦。

mou² dam¹ sem¹ gem³ do¹ la¹

不要担心这么多啦。

(4) 冇：不要，别

(5) 咁：这样，这么

5

唔好(6)担心我，我好好(7)。

m⁴ hou² dam¹ sem¹ ngo⁵，ngo⁵ hou² hou²

不要担心我，我很好。

(6) 唔好：不要，别

(7) 好好：很好。前一个"好"是副词，后一个"好"是形容词。

6

佢食唔落(8)、瞓(9)唔好。

kêu⁵ xig⁶ m⁴ log⁶，fen³ m⁴ hou²

他吃不下、睡不好。

(8) 食唔落：吃不下

(9) 瞓：睡

7

我真係[10]担心到死啊。

ngo⁵ zen¹ hei⁶ dam¹ sem¹ dou³ séi² a³

我真是担心死了。

(10) 真係：真是

8

你使乜[11]担心我啫[12]？

néi⁵ sei² med¹ dam¹ sem¹ ngo⁵ zé¹

你干嘛担心我呢？

(11) 使乜：用不着

(12) 啫：句末语气词，表示对对方的做法不以为意、不赞同。

9

好好照顾自己，冇[13]令妈妈担心。

hou² hou² jiu³ gu³ ji³ géi², mou² ling⁴ ma⁴ ma¹ dam¹ sem¹

好好照顾自己，不要让妈妈担心。

(13) 冇：不要，别

10

我都咁大个女[14]嘞，冇担心我。

ngo⁵ dou¹ gem³ dai⁶ go³ nêu⁵ lag³, mou² dam¹ sem¹ ngo⁵

我都这么大了，不要担心我。

(14) 大个女：表示女儿长大了

11

佢识[15]照顾自己啦，冇担心咁多。

kêu⁵ xig¹ jiu³ gu³ ji³ géi² la¹ ,mou² dam¹ sem¹ gem³ do¹

他会照顾自己啦，不要担心这么多。

(15) 识：懂得，会

12

我个[16]心啰啰挛[17]。

ngo⁵ go³ sem¹ lo¹ lo¹ lün¹

我的心里七上八下的。

(16) 个："呢个"的简略表达，这个。粤语里的指示代词可以省略，量词不可以。

(17) 啰啰挛：七上八下，忐忑不安

六 喜欢

Track 4-06

1

我中意(1)食鱼，你呢?

ngo^5 zung^1 yi^3 xig^6 yu^2 , néi^5 né^1

我喜欢吃鱼，你呢？

(1) 中意：喜欢

2

我好中意睇(2)书。

ngo^5 hou^2 zung^1 yi^3 tei^2 xu^1

我很喜欢看书。

(2) 睇：看

3

你中意玩乜嘢(3)?

néi^5 zung^1 yi^3 wan^2 med^1 yé^2

你喜欢玩什么？

(3) 乜嘢：什么，可连音简略为“咩”。“嘢”表示东西。

4

你中唔中意游水(4)?

néi^5 zung^1 m^4 zung^1 yi^3 yeo^4 sêu^2

你喜不喜欢游泳？

(4) 游水：游泳

5

佢应该会中意呢件(5)礼物。

kêu^5 ying^1 goi^1 wui^5 zung^1 yi^3 ni^1 gin^3 lei^5 med^6

他应该会喜欢这件礼物。

(5) 呢件：这件

6

我係(6)足球迷。

ngo^5 hei^6 zug^1 keo^4 mei^4

我是足球迷。

(6) 係：是

7

老师好中意佢。

lou⁵ xi¹ hou² zung¹ yi³ kêu⁵

老师好喜欢他。

8

我非常中意音乐。

ngo⁵ féi¹ sêng⁴ zung¹ yi³ yem¹ ngog⁶

我非常喜欢音乐。

9

我男朋友好中意武术。

ngo⁵ nem⁴ peng⁴ yeo⁵ hou² zung¹ yi³ mou⁵ sêd⁶

我男朋友很喜欢武术。

10

细路仔(7)好中意着(8)新衫(9)。

sei³ lou⁶ zei² hou² zung¹ yi³ zêg³ sen¹ sam¹

小孩子很喜欢穿新衣服。

(7) 细路仔：小孩子

(8) 着：穿

(9) 新衫：新衣服。粤语里，衣服统称为“衫”。

11

我最(10)中意旅游嘞。

ngo⁵ zêu³ zung¹ yi³ lêu⁵ yeo⁴ lag³

我最喜欢旅游了。

(10) 最：与普通话意思一样，粤语口语多读为“至”，ji³ 音。

12

你睇佢好中意呢个公仔(11)啊。

néi⁵ tei² kêu⁵ hou² zung¹ yi³ ni¹ go³ gung¹ zei² a³

你看他很喜欢这个布偶啊。

(11) 公仔：布偶

七 不喜欢

Track 4-07

1

呢个嘢(1) 真係好难食(2)。

ni1 go3 yé2 zen1 hei6 hou2 nan4 xig6

这个东西真的很难吃。

(1) 呢个嘢：这个东西

(2) 难食：难吃

2

我唔中意佢。

ngo5 m4 zung1 yi3 kêu5

我不喜欢他。

3

我唔中意呢间(3) 餐厅。

ngo5 m4 zung1 yi3 ni1 gan1 can1 téng1

我不喜欢这家餐厅。

(3) 呢间：这家。“间”是企事业单位的量词。

4

呢阵味(4) 好难闻。

ni1 zen3 méi6 hou2 nan4 men4

这股味道好难闻。

(4) 呢阵味：这股味道

5

睇到(5) 佢都烦。

tei2 dou2 kêu5 dou1 fan4

看到他就烦。

(5) 睇到：看到

6

我好憎(6) 食(7) 面。

ngo5 hou2 zeng1 xig6 min6

我好讨厌吃面。

(6) 憎：讨厌

(7) 食：吃

7

我好憎你成日[8]挂住[9]打机[10]。

ngo^{5} hou^{2} zeng^{1} néi^{5} séng^{4} yed^{6} gua^{3} ju^{6} da^{2} géi^{1}

我很讨厌你整天顾着打游戏。

(8) 成日：整天
(9) 挂住：这里是“顾着”的意思。也有“想念”的意思。
(10) 打机：打游戏

8

我不嬲[11]都唔中意运动。

ngo^{5} bed^{1} neo^{1} dou^{1} m^{4} zung^{1} yi^{3} wen^{6} dung^{6}

我一直都不喜欢运动。

(11) 不嬲：一直，本来。“嬲”单独用的表示“生气”。

9

佢好乞人憎[12]啊。

kêu^{5} hou^{2} hed^{1} yen^{4} zeng^{1} a^{3}

他好讨人厌啊。

(12) 乞人憎：讨人厌

10

我唔想去酒吧。

ngo^{5} m^{4} sêng^{2} hêu^{3} zeo^{2} ba^{1}

我不想去酒吧。

11

呢出[13]电影好难睇[14]。

ni^{1} cêd^{1} din^{6} ying^{2} hou^{2} nan^{4} tei^{2}

这部电影很难看。

(13) 呢出：这部。“出”是电影、戏剧的量词。
(14) 难睇：难看

12

呢度[15]好嘈[16]，搞到好心烦。

ni^{1} dou^{3} hou^{2} cou^{4}, gao^{2} dou^{3} hou^{2} sem^{1} fan^{4}

这里好吵，让人心烦。

(15) 呢度：这里
(16) 好嘈：好吵

八 乐观

Track 4-08

1

我係(1)个乐观主义者。

ngo^{5} hei^{6} go^{3} log^{6} gun^{1} ju^{2} yi^{6} zé^{2}

我是个乐观主义者。

(1) 係：是

2

佢係乐天派。

kêu^{5} hei^{6} log^{6} tin^{1} pai^{3}

他是乐天派。

3

我对未来充满自信。

ngo^{5} dêu^{3} méi^{6} loi^{4} cung^{1} mun^{5} ji^{6} sên^{3}

我对未来充满自信。

4

失败啫(2)，有乜嘢(3)啊。

sed^{1} bai^{6} zé^{1}, yeo^{5} med^{1} yé^{2} a^{3}

失败而已，有什么啊。

(2) 啫：……而已。句末语气词，形容把事情往小里说，带有不以为意的口气。

(3) 乜嘢：什么

5

任何事都打唔低(4)我。

yem^{6} ho^{4} xi^{6} dou^{1} da^{2} m^{4} dei^{1} ngo^{5}

任何事都打不倒我。

(4) 打唔低：打不倒

6

我哋(5)要乐观对待生活。

ngo^{5} déi^{6} yiu^{3} log^{6} gun^{1} dêu^{3} doi^{6} seng^{1} wud^{6}

我们要乐观对待生活。

(5) 我哋：我们

7

我相信我实[(6)] 会成功。

ngo⁵ sêng¹ sên³ ngo⁵ sed⁶ wui⁵ xing⁴ gung¹

我相信我一定会成功。

(6) 实：肯定，一定

8

佢总係[(7)] 对生活持乐观嘅态度。

kêu⁵ zung² hei⁶ dêu³ seng¹ wud⁶ qi⁴ log⁶ gun¹ tai³ dou⁶

他总是对生活持乐观的态度。

(7) 总係：总是

9

我嘅前途一片光明。

ngo⁵ gé³ qin⁴ tou⁴ yed¹ pin³ guong¹ ming⁴

我的前途一片光明。

10

佛祖会保佑我哋嘅。

fed⁶ zou² wui⁵ bou² yeo⁶ ngo⁵ déi⁶ gé³

佛祖会保佑我们的。

11

我相信一切都有可能。

ngo⁵ sêng¹ sên³ yed¹ cei³ dou¹ yeo⁵ ho² neng⁴

我相信一切都有可能。

12

我相信我哋会赢。

ngo⁵ sêng¹ sên³ ngo⁵ déi⁶ wui⁵ yéng⁴

我相信我们会赢。

九 悲观

Track 4-09

1

佢完全绝望嘞。

kêu⁵ yun⁴ qun⁴ jud⁶ mong⁶ lag³

他完全绝望了。

2

今日(1)好黑(2)啊。

gem¹ yed⁶ hou² hag¹ a³

今天好倒霉啊。

(1) 今日：今天
(2) 好黑：好倒霉

3

佢嘅悲观情绪影响咗我。

kêu⁵ gé³ béi¹ gun¹ qing⁴ sêu⁵ ying² hêng² zo² ngo⁵

他的悲观情绪影响了我。

4

我对未来感到好迷茫。

ngo⁵ dêu³ méi⁶ loi⁴ gem² dou³ hou² mei⁴ mong⁴

我对未来感到好迷茫。

5

佢对未来感到悲观。

kêu⁵ dêu³ méi⁶ loi⁴ gem² dou³ béi¹ gun¹

他对未来感到悲观。

6

你睇开(3)啲(4)啦，冇咁悲观。

néi⁵ tei² hoi¹ did¹ la¹ , mou⁵ gem³ béi¹ gun¹

你看开点啦，不要这么悲观。

(3) 睇开：看开
(4) 啲：一点，一些

7

(呢)件事[(5)]越嚟越弊[(6)]。

gin^3 xi^6 yud^6 lei^4 yud^6 bei^6

这件事越来越糟糕。

(5)(呢)件事：这件事。前面的指示代词“呢”(这)可以省略不要。

(6) 越嚟越弊：越来越糟糕

8

我对未来唔[(7)]抱太大希望。

ngo^5 dêu^3 méi^6 loi^4 m^4 pou^5 tai^3 dai^6 héi^1 mong^6

我对未来不抱太大希望。

(7) 唔：不

9

我好惊[(8)]我会失业。

ngo^5 hou^2 géng^1 ngo^5 wui^5 sed^1 yib^6

我好害怕我会失业。

(8) 惊：害怕

10

比赛结束我觉得好沮丧。

béi^2 coi^3 gid^3 cug^1 ngo^5 gog^6 deg^1 hou^2 zêu^2 song^3

比赛结束我觉得很沮丧。

11

我对你感到好绝望。

ngo^5 dêu^3 néi^5 gem^2 dou^3 hou^2 jud^6 mong^6

我对你感到很绝望。

12

呢件事我哋努力都係盏嘥气[(9)]。

ni^1 gin^3 xi^6 ngo^5 déi^6 nou^5 lig^6 dou^1 hei^6 zan^2 sai^1 héi^3

这件事我们努力也是白费力气。

(9) 盏嘥气：白费力气。“盏”本是“赚，集”的意思，常用表达还有“盏被佢闹(被他骂)”“盏被佢讲(被他说)。”“嘥气”是浪费口舌的意思。句子直译过来是“赚到了浪费口舌”，表示徒劳。

十 惊讶 Track 4-10

1

我感到好惊讶。

ngo5 gem2 dou3 hou2 ging1 nga6

我感到好惊讶。

2

呢条友(1)真係估唔到(2)啊。

ni1 tiu4 yeo5 zen1 hei6 gu2 m4 dou3 a3

这家伙真是猜不到啊。

(1) 呢条友：这家伙
(2) 估唔到：猜不到。“估”还有“以为”的意思。

3

呢个消息真係令人震惊。

ni1 go3 xiu1 xig1 zen1 hei6 ling6 yen4 zen3 ging1

这个消息真是令人震惊。

4

乜(3)你唔知咩(4)？

med1 néi5 m4 ji1 mé1

难道你不知道吗？

(3) 乜：难道。也有“为什么”的意思。
(4) 咩：吗。表反问。

5

真定(5)假啊？

zen1 ding6 ga2 a3

真的还是假的啊？

(5) 定：还是，是“定係”的简略表达。

6

唔係啊嘛(6)？

m4 hei6 a3 ma2

不是吧？

(6) 啊嘛：……吧。句末语气词，表示惊讶。

7

佢攞咗(7)第一名啊?

kêu5 lo2 zo2 dei6 yed1 ming4 a3

他拿了第一名啊?

(7) 攞咗：拿了，“咗”表完成时。

8

我真係唔敢相信自己嘅眼。

ngo5 zen1 hei6 m4 gem2 sêng1 sên3 ji3 géi2 gé3 ngan5

我真是不敢相信自己的眼睛。

9

如果唔係佢亲口讲，我都唔信啊。

yu4 guo2 m4 hei6 kêu5 cen1 heo2 gong2, ngo5 dou1 m4 sên3 a3

如果不是他亲口说，我都不信啊。

10

我都(8)觉得不可思议。

ngo5 dou1 gog6 deg1 bed1 ho2 xi1 yi3

我也觉得不可思议。

(8) 都：也

11

一时间(9)我都唔知点(10)解释。

yed1 xi4 gan1 ngo5 dou1 m4 ji1 dim2 gai2 xig1

一下子我也不知道怎么解释。

(9) 一时间：一下子

(10) 点：怎么样

12

咁耐(11)冇(12)见，佢嘅样(13)变晒嘞。

gem3 noi6 mou5 gin3, kêu5 gé3 yêng2 bin3 sai3 lag3

这么久没见，他的样子完全变了。

(11) 咁耐：这么久

(12) 冇：没有

(13) 佢嘅样：他的样子

十一 冷漠

Track 4-11

1

是但[1]你点[2]讲啦。

xi⁶ dan⁶ néi⁵ dim² gong² la¹

随便你怎么说吧。

(1) 是但：随便
(2) 点：怎么样

2

唔关我事啊。

m⁴ guan¹ ngo⁵ xi⁶ a³

不关我的事啊。

3

你自己搞掂[3]啦，冇搵[4]我。

néi⁵ ji³ géi² gao² dim³ la¹ , mou⁵ wen² ngo⁵

你自己搞定，不要找我。

(3) 搞掂：搞定
(4) 搵：找

4

呢件事同[5]我一啲[6]关系都冇。

ni¹ gin³ xi⁶ tung⁴ ngo⁵ yed¹ did¹ guan¹ hei⁶ dou¹ mou⁵

这件事跟我一点关系都没有。

(5) 同：和，跟
(6) 一啲：一点

5

我唔得闲[7]听你喺度[8]废话。

ngo⁵ m⁴ deg¹ han⁴ téng¹ néi⁵ hei² dou³ fei³ wa²

我没空听你在这里废话。

(7) 唔得闲：没空
(8) 喺度：在这里

6

好啦，随便你。

hou² la¹ , cêu³ bin² néi⁵

好吧，随便你。

7

你中意[9]点[10]就点，我无所谓。

néi^5 zung^1 yi^3 dim^2 zeo^6 dim^2 , ngo^5 mou^5 so^2 wei^6

你喜欢怎样就怎样，我无所谓。

⑼ 中意：喜欢
⑽ 点：怎么样

8

我一啲都唔在乎。

ngo^5 yed^1 did^1 dou^1 m^4 zoi^3 fu^3

我一点都不在乎。

9

我先[11]唔理[12]佢啊。

ngo^5 xin^1 m^4 léi^5 kêu^5 a^3

我才不管他呢。

⑾ 先：才
⑿ 唔理：不管

10

关我鬼事啊，自己搞掂。

guan^1 ngo^5 guei^2 xi^6 a^3 , ji^3 géi^2 gao^3 dim^3

关我什么事啊，自己搞定。

11

由得你啦。

yeo^5 deg^1 néi^5 la^1

随你吧。

12

佢根本就唔着紧[13]呢件事。

kêu^5 gen^1 bun^2 zeo^6 m^4 zêg^3 gen^2 ni^1 gin^6 xi^6

他根本就不在乎这件事。

⒀ 着紧：在乎，紧张

十二 同意 Track 4-12

1

好啊，我同意。

hou² a³ , ngo⁵ tung⁴ yi³

好啊，我同意。

2

主任赞成我咁做(1)。

ju² yem⁶ zan³ xing⁴ ngo⁵ gem² zou⁶

主任赞成我这样做。

(1) 咁做：这样做

3

本身就应该咁样(2)。

bun² sen¹ zeo⁶ ying¹ goi¹ gem² yêng²

本来就应该这样。

(2) 咁样：这样

4

你可以用我嘅(3)字典。

néi⁵ ho² yi² yung⁴ ngo⁵ gé³ ji⁶ din²

你可以用我的字典。

(3) 嘅：的

5

我非常认可你嘅能力。

ngo⁵ féi¹ sêng⁴ ying⁴ ho² néi⁵ gé³ neng⁴ lig⁶

我非常认可你的能力。

6

我同意你嘅意见。

ngo⁵ tung⁴ yi³ néi⁵ gé³ yi³ gin³

我同意你的意见。

7

我唔反对你咁做。

ngo5 m4 fan2 dêu3 néi5 gem2 zou6

我不反对你这样做。

8

我同你嘅睇法(4)係一样嘅。

ngo5 tung4 néi5 gé3 tei2 fad3 yed1 yêng3

我和你的看法一样。

(4) 睇法：看法

9

佢讲得有道理。

kêu5 gong2 deg1 yeo5 dou3 léi5

他讲得有道理。

10

唔使问(5)，佢实赢(6)。

m4 sei2 men6, kêu5 sed6 yéng3

不用问，他肯定赢。

(5) 唔使问：不用问

(6) 实赢：肯定赢

11

我唔反对你去广州。

ngo5 m4 fan2 dêu3 néi5 hêu3 guong2 zeo1

我不反对你去广州。

12

梗係(7)得(8)啦，冇问题。

geng2 hei6 deg1 la1, mou5 men6 tei4

当然可以啦，没问题。

(7) 梗係：当然

(8) 得：可以，行

十三 反对

Track 4-13

1

我唔同意你嘅提议。

ngo⁵ m⁴ tung⁴ yi³ néi⁵ gé³ tei⁴ yi³

我不同意你的提议。

2

出便(1)台风，你冇出去。

cêd¹ bin⁶ toi³ fung¹ , néi⁵ mou⁵ cêd¹ hêu³

外面有台风，你不要出去。

(1) 出便：外面

3

绝对唔可以。

jud³ dêu³ m⁴ ho² yi³

绝对不可以。

4

摆明咁样(2)就係(3)唔得(4)。

bai² ming⁴ gem² yêng² zeo⁶ hei⁶ m⁴ deg¹

摆明这样就是不行。

(2) 咁样：这样
(3) 就係：就是
(4) 唔得：不行，不可以

5

你咁谂(5)係唔啱(6)嘅。

néi⁵ gem² nem⁵ hei⁶ m⁴ ngam¹ gé³

你这样想是不对的。

(5) 谂：思考，考虑
(6) 唔啱：不对

6

我唔赞成你而家(7)辞职。

ngo⁵ m⁴ zan³ xing⁴ néi⁵ yi⁴ ga¹ qi⁴ jig¹

我不赞成你现在辞职。

(7) 而家：现在

7

你唔好出去。

néi^5 m^4 hou^2 cêd^1 hêu^3

你不要出去。

8

梗係唔得[8]啦。

geng^2 hei^6 m^4 deg^1 la^1

当然不行啦。

(8) 唔得：不可以，不行

9

呢件事冇得倾[9]。

ni^1 gin^3 xi^6 mou^5 deg^1 king^1

这件事没得商量。

(9) 冇得倾：没得商量。
倾：谈，聊。

10

我就係[10]唔想[11]你做错。

ngo^5 zeo^6 hei^6 m^4 sêng^5 néi^5 zou^6 co^3

我就是不想你做错。

(10) 就係：就是
(11) 唔想：不想

11

你冇阻住[12]我，我一定要去。

néi^5 mou^5 zo^2 ju^3 ngo^5, ngo^5 yed^1 ding^6 yiu^3 hêu^3

你别拦着我，我一定要去。

(12) 阻住：阻碍，拦住

12

我唔想你做错事。

ngo^5 m^4 sêng^2 néi^5 zou^6 co^3 xi^6

我不想你做错事。

十四 许可

Track 4-14

1

呢度[1]可以食烟[2]。

ni¹ dou³ ho² yi⁵ xig⁶ yin¹

这里可以抽烟。

(1) 呢度：这里
(2) 食烟：抽烟

2

妈妈俾[3]我咁[4]做。

ma⁴ ma¹ béi² ngo⁵ gem² zou⁶

妈妈允许我这么做。

(3) 俾：允许，让
(4) 咁：这样

3

你可以任意拣[5]你中意嘅[6]。

néi⁵ ho² yi⁵ yem⁶ yi³ gan² néi⁵ zung¹ yi³ gé³

你可以任意挑选你喜欢的。

(5) 拣：挑选
(6) 中意嘅：喜欢的

4

你可以揾[7]佢帮手[8]。

néi⁵ ho² yi⁵ wen² kêu⁵ bong¹ seo²

你可以找他帮忙。

(7) 揾：找
(8) 帮手：帮忙

5

呢度可以泊车[9]。

ni¹ dou³ ho² yi⁵ pag⁶ cé¹

这里可以停车。

(9) 泊车：停车

6

你可以喺呢度[10]坐一阵[11]。

néi⁵ ho² yi⁵ hei² ni¹ dou³ co⁵ yed¹ zen⁶

你可以在这儿坐一会儿。

(10) 喺呢度：在这里
(11) 一阵：一会儿

7

你可以睇阵[12]电视。

néi⁵ ho² yi⁵ tei² zen⁶ din⁶ xi⁶

你可以看会儿电视。

(12) 睇阵：看一会儿

8

你可以出去，但係[13]十点之前要翻嚟[14]。

néi⁵ ho² yi⁵ cêd¹ hêu³ , dan⁶ hei⁶ seb⁶ dim² ji¹ qin⁴ yiu³ fan¹ lei⁴

你可以出去，但是10点之前要回来。

(13) 但係：但是
(14) 翻嚟：回来

9

我卒之[15]可以落班[16]啦。

ngo⁵ zêd¹ ji¹ ho² yi⁵ log⁶ ban¹ la¹

我终于可以下班啦。

(15) 卒之：终于
(16) 落班：下班

10

我哋唔俾[17]细路仔[18]夜瞓[19]。

ngo⁵ déi⁶ m⁴ béi² sei³ lou⁶ zei² yé³ fen³

我们不允许小孩子晚睡。

(17) 唔俾：不允许，不让
(18) 细路仔：小孩子
(19) 夜瞓：晚睡

11

呢间餐厅可以碌咭[20]。

ni¹ gan¹ can¹ téng¹ ho² yi⁵ lug¹ ked¹

这家餐厅可以刷卡。

(20) 碌咭：刷卡

12

你想食乜嘢[21]自己去攞[22]。

néi⁵ sêng² xig⁶ med¹ yé² ji³ géi² hêu³ lo²

你想吃什么自己去拿。

(21) 乜嘢：什么
(22) 攞：拿

十五 禁止

Track 4-15

1

请勿随地吐痰。

qing^2 med^6 cêu^3 déi^6 tou^3 tam^4

请勿随地吐痰。

2

电影院唔可以影相(1)。

din^6 ying^2 yun^2 m^4 ho^2 yi^5 ying^2 sêng^2

电影院不可以拍照。

(1) 影相：拍照

3

图书馆唔俾(2)大声嘈(3)。

tou^4 xu^1 gun^2 m^4 béi^2 dai^6 séng^1 cou^4

图书馆不允许大声喧哗。

(2) 唔俾：不允许，不让
(3) 嘈：吵

4

公共场合唔好(4)大声喧哗。

gung^1 gung^6 cêng^4 heb^6 m^4 hou^5 dai^6 séng^1 hün^1 wa^1

公共场合不要大声喧哗。

(4) 唔好：不要，别

5

禁止钓鱼。

gem^3 ji^2 diu^3 yu^2

禁止钓鱼。

6

非工作人员禁止入去(5)。

féi^1 gung^1 zog^3 yen^4 yun^4 gem^3 ji^2 yeb^6 hêu^3

非工作人员禁止进去。

(5) 入去：进去

7

加油站禁止食烟。

ga¹ yeo⁴ zam⁶ gem³ ji² xig⁶ yin¹

加油站禁止抽烟。

8

呢度係[6]无烟区，唔俾食烟。

ni¹ dou³ hei⁶ mou⁴ yin¹ kêu¹ , m⁴ béi² xig⁶ yin¹

这里是无烟区，不可以吸烟。

(6) 係：是

9

油漆未干，禁止触摸。

yeo⁴ ced¹ méi⁶ gon¹ , gem³ ji² zug¹ mo²

油漆未干，禁止触摸。

10

呢度係单行线，唔俾泊车[7]。

ni¹ dou³ hei⁶ dan¹ heng⁴ xin³ , m⁴ béi² pag³ cé¹

这里是单行线，不允许停车。

(7) 泊车：停车

11

呢度禁止停车。

ni¹ dou³ gem³ ji² ting⁴ cé¹

这里禁止停车。

12

市区禁止飚车。

xi⁵ kêu¹ gem³ ji² biu¹ cé¹

市区禁止飚车。

十六 感谢

Track 4-16

1

多谢你。

do¹ zé⁶ néi⁵

谢谢你。

2

唔该晒⁽¹⁾你。

m⁴ goi¹ sai³ néi⁵

多谢你了。

(1) 晒：完全，全部。这里指感谢的心意更加浓。

3

多谢你帮我。

do¹ zé⁶ néi⁵ bong¹ ngo⁵

谢谢你帮我。

4

好彩⁽²⁾你提醒我。

hou⁵ coi² néi⁵ tei⁴ séng² ngo⁵

幸好你提醒我。

(2) 好彩：多亏，幸亏

5

好多谢你帮我。

hou² do¹ zé⁶ néi⁵ bong¹ ngo⁵

很感谢你帮我。

6

多得⁽³⁾你嘅帮忙。

do¹ deg¹ néi⁵ gé³ bong¹ mong⁴

幸亏你的帮忙。

(3) 多得：亏得，幸好

7

多谢你，真係麻烦晒(4)你嘞(5)。

do1 zé3 néi5, zen1 hei6 ma4 fan4 sai3 néi5 lag3

谢谢你，真是太麻烦你了。

(4) 麻烦晒：很麻烦。
晒：完全，全部。
(5) 嘞：了。句末语气词。

8

多谢你所做嘅一切。

do1 zé3 néi5 so2 zou6 gé3 yed1 cei3

谢谢你所做的一切。

9

多谢你俾机会我(6)。

do1 zé3 néi5 béi2 géi1 wui3 ngo5

谢谢你给我机会。

(6) 俾机会我：给我机会。这是粤语语法中的“施受”句式，受者在最后。具体讲解请参看第二章。

10

多谢你嘅建议。

do1 zé3 néi5 gé3 gin3 yi3

谢谢你的建议。

11

好彩(7)有你嘅帮手(8)我先(9)可以做到。

hou2 coi2 yeo2 néi5 gé3 bong1 seo2 ngo5 xin1 ho2 yi5 zou6 dou2

幸好有你的帮忙我才可以做到。

(7) 好彩：幸亏，幸好
(8) 帮手：帮助，帮忙
(9) 先：才

12

做人要识得(10)感恩。

zou6 yen4 yiu3 xig1 deg1 gem2 yen1

做人要懂得感恩。

(10) 识得：懂得

十七 道歉 Track 4-17

1

对唔住！

dêu3 m4 ju6

对不起！

2

唔好意思！

m4 hou2 yi3 xi1

不好意思！

3

我错嘞，请你原谅我。

ngo5 co3 lag3 , céng2 néi5 yun4 lêng6 ngo5

我错了，请你原谅我。

4

我好衷心咁(1) 恳请你原谅我。

ngo5 hou2 zung1 sem1 gem2 hen2 qing2 néi5 yun4 lêng6 ngo5

我衷心地恳请你原谅我。

(1) 咁：结构助词，用于形容词和动词中间，相当于普通话的“地”。

5

唔好意思，我迟到嘞。

m4 hou2 yi3 xi1 , ngo5 qi4 dou4 lag3

不好意思，我迟到了。

6

我唔係专登(2) 激(3) 你嘅，唔好意思。

ngo5 m4 hei6 jun1 deng1 gig1 néi5 gé3 ,

m4 hou2 yi3 xi1

我不是故意气你的，不好意思。

(2) 专登：故意

(3) 激：气，惹

7

请你接受我嘅道歉。

céng[2] néi[5] jib[3] seo[6] ngo[5] gé[3] dou[6] hib[3]

请你接受我的道歉。

8

你可唔可以[(4)] 原谅我。

néi[5] ho[2] m[4] ho[2] yi[5] yun[4] lêng[6] ngo[5]

你可不可以原谅我。

(4) 可唔可以：可不可以

9

唔好意思，打搅晒[(5)] 嘞。

m[4] hou[2] yi[3] xi[1] , da[2] gao[2] sai[3] lag[3]

不好意思，太打扰您了。

(5) 打搅晒：打扰了。晒：完全，全部，包含因打扰到对方而感到十分抱歉的语气。

10

对唔住，我打错嘞。

dêu[3] m[4] ju[6] , ngo[5] da[2] co[3] lag[3]

对不起，我打错了。

11

我唔应该咁做。

ngo[5] m[4] ying[1] goi[1] gem[2] zou[6]

我不应该这么做。

12

原谅我唔记得话俾你知[(6)] 嘞。

yun[4] lêng[6] ngo[5] m[4] géi[3] deg[1] wa[6] béi[2] néi[5] ji[1] lag[3]

原谅我忘记告诉你了。

(6) 话俾你知：告诉你（知道）。这是粤语中最常见的表达句式之一，具体参见第二章。

十八 原谅

Track 4-18

1

唔紧要。

m4 gen2 yiu3

没关系。

2

我已经原谅你嘞(1)。

ngo5 yi5 ging1 yun4 lêng6 néi5 lag3

我已经原谅你了。

(1) 嘞：句末语气词，相当于普通话中的“了”。

3

冇嘢(2)，冇摆喺心上。

mou5 yé2 , mou5 bai2 hei2 sem1 sêng6

没事，不要放在心上。

(2) 冇嘢：没事，没什么

4

冇问题，唔使(3)担心嘞。

mou5 men6 tei4 , m4 sei2 dam1 sem1

没问题，不要担心啦。

(3) 唔使：不用

5

好啦，唔係你做嘅就算啦。

hou2 la1 , m4 hei6 néi5 zou6 gé3 zeo6 xun3 la1

好吧，不是你做的就算啦。

6

我从头到尾就冇嬲(4)你。

ngo5 cung4 teo4 dou3 méi5 zeo6 mou5 neo1 néi5

我从头到尾就没有生你的气。

(4) 冇嬲：没有生气

7

我唔会因为呢件事责怪你。

ngo5 m4 wui5 yen1 wei4 ni1 gin3 xi6 zag3 guai3 néi5

我不会因为这件事责怪你。

8

我根本就冇摆喺心度(5)。

ngo5 gen1 bun2 zeo6 mou5 bai2 hei2 sem1 dou6

我根本就没有放在心上。

(5) 冇摆喺心度：没有放在心上

9

请我食饭(6) 我就原谅你啦。

céng2 ngo5 xig6 fan6 ngo5 zeo6 yun4 lêng6 néi5 la1

请我吃饭我就原谅你啦。

(6) 食饭：吃饭

10

我唔应该咁(7) 计较。

ngo5 m4 ying1 goi1 gem3 gei3 gao3

我不应该这么计较。

(7) 咁：这样，这么

11

有乜嘢(8) 大件事(9) 啊。

yeo5 med1 yé5 dai6 gin3 xi6 a3

有什么大事啊。

(8) 乜嘢：什么

(9) 大件事：大事件

12

好啦，我哋和好啦。

hou2 la1 , ngo5 déi6 wo4 hou2 la1

好啦，我们和好吧。

十九 相信

Track 4-19

1 我相信你係啱嘅[1]。
ngo⁵ sêng¹ sên³ néi⁵ hei⁶ ngam¹ gé³
我相信你是对的。

(1) 係啱嘅：是对的。啱：对的，合适的。另一个常用词“啱啱”，则是“刚刚”的意思。

2 我相信你一定会成功。
ngo⁵ sêng¹ sên³ néi⁵ yed¹ ding⁶ wui⁵ xing⁴ gung¹
我相信你一定会成功。

3 我相信老天会眷顾我嘅。
ngo⁵ sêng¹ sên³ lou⁵ tin¹ wui⁵ gün³ gu³ ngo⁵ gé³
我相信老天会眷顾我的。

4 相信我啦，冇错嘅。
sêng¹ sên³ ngo⁵ la¹ , mou⁵ co³ gé³
相信我吧，没错的。

5 我相信佢唔会呃[2]我。
ngo⁵ sêng¹ sên³ kêu⁵ m⁴ wui⁵ ngag¹ ngo⁵
我相信他不会骗我。

(2) 呃：骗

6 我相信唔係佢偷嘅。
ngo⁵ sêng¹ sên³ m⁴ hei⁶ kêu⁵ teo¹ gé³
我相信不是他偷的。

7

我对佢好有信心。

ngo5 dêu3 kêu5 hou2 yeo5 sên3 sem1

我对他很有信心。

8

我信你实得嘅(3)。

ngo5 sên3 néi5 sed6 deg1 gé3

我相信你肯定行的。

(3) 实得嘅：肯定行。
实：肯定，一定；
得：行，可以；
嘅：的。

9

我相信佢实会嚟(4)。

ngo5 sêng1 sên3 kêu5 sed6 wui5 lei4

我相信他肯定会来。

(4) 实会嚟：肯定会来

10

佢讲到就会做到。

kêu5 gong2 dou2 zeo6 wui5 zou6 dou2

他说到就会做到。

11

请你相信我。

céng2 néi 5sêng1 sên3 ngo5

请你相信我。

12

我对佢嘅承诺坚信不疑。

ngo5 dêu3 kêu5 gé3 xing4 nog6 gin1 sên3 bed1 yi4

我对他的承诺坚信不疑。

二十 怀疑 Track 4-20

1

係唔係(1)真嘅?

hei6 m4 hei6 zen1 gé3

是不是真的?

(1) 係唔係：是不是

2

我唔係好(2)相信你。

ngo5 m4 hei6 hou2 sêng1 sên3 néi5

我不是很相信你。

(2) 好：很，程度副词。

3

你真係要结婚啦?

néi5 zen1 hei6 yiu3 gid3 fen1 la1

你真的要结婚啦?

4

係(3)？几时(4)到啊?

hei6 ? géi2 xi4 dou3 a3

真的？什么时候到?

(3) 係：真的

(4) 几时：什么时候

5

你真係嚟咗(5)香港?

néi5 zen1 hei6 lei4 zo2 hêng1 gong2

你真的来香港了?

(5) 嚟咗：来了

6

冇理由嘅(6)，佢唔会咁做嘅。

mou5 léi5 yeo4 gé3 , kêu5 m4 wui5 gem2 zou6 gé3

没道理的，他不会这么做的。

(6) 冇理由嘅：没道理的

7

我唔相信呢个事实。

ngo^{5} m^{4} sêng^{1} sên^{3} ni^{1} go^{3} xi^{6} sed^{6}

我不相信这个事实。

8

我都係[7]唔相信佢[8]。

ngo^{5} dou^{1} hei 6m^{4} sêng^{1} sên^{3} kêu^{5}

我还是不相信他。

(7) 都係：还是

(8) 佢：他

9

我觉得佢成日[9]讲大话[10]。

ngo^{5} gog^{6} deg^{1} kêu^{5} séng^{4} yed^{6} gong^{2} dai^{6} wa^{6}

我觉得他老是说谎话。

(9) 成日：整天

(10) 讲大话：说谎

10

佢份人[11]唔可信啊。

kêu^{5} fen^{6} yen^{4} m^{4} ho^{2} sên^{3} a^{3}

他这个人不可信啊。

(11) 份人：这个人

11

我觉得呢一切都好假咯。

ngo^{5} gog^{6} deg^{1} ni^{1} yed^{1} cei^{3} dou^{1} hou^{2} ga^{2} lo^{1}

我觉得这一切都很假。

12

我真係怀疑佢嚟唔嚟得到[12]咯。

ngo^{5} zen^{1} hei^{6} wai^{4} yi^{4} kêu^{5} lei^{4} m^{4} lei^{4} deg^{1} dou^{2} lo^{1}

我真怀疑他能不能来。

(12) 嚟唔嚟得到：能不能来

二十一 建议

Track 4-21

1

不如我哋去行街(1)啦?

bed¹ yu⁴ ngo⁵ déi⁶ hêu³ hang⁴ gai¹ la¹

不如我们去逛街吧？

(1) 行街：逛街。行：逛。

2

我觉得你着(2)呢件会好睇(3)。

ngo⁵ gog⁶ deg¹ néi⁵ zêg³ ni¹ gin³ sam¹ wui⁵ hou² tei²

我觉得你穿这件会好看。

(2) 着：穿

(3) 好睇：好看

3

我有个建议。

ngo⁵ yeo⁵ go³ gin³ yi³

我有个建议。

4

你有乜嘢建议呢?

néi⁵ yeo⁵ med¹ yé² gin³ yi³ né¹

你有什么建议呢？

5

医生建议佢饮少啲(4)咖啡。

yi¹ seng¹ gin³ yi³ kêu⁵ yem² xiu² did¹ ga³ fé¹

医生建议他少喝点咖啡。

(4) 饮少啲：喝少一点。粤语语法中，动词在前面，与普通话相反。

6

佢唔会(5)听人哋嘅(6)建议。

kêu⁵ m⁴ wui⁵ téng¹ yen⁴ déi⁶ gé³ gin³ yi³

他不会听别人的建议。

(5) 唔会：不会

(6) 人哋嘅：别人的

7

我建议你试多一次[7]。

ngo⁵ gin³ yi³ néi⁵ xi³ do¹ yed¹ qi³

我建议你多试几次。

(7) 试多一次：多试几次。粤语在使用这个句式时往往把动词放在前面，该动词的状语成分置后，与普通话相反。例如做多一啲（多做一些），食多啲（多吃点）。

8

佢提出一个新嘅建议。

kêu⁵ tei⁴ cêd¹ yed¹ go³ sen¹ gé³ gin³ yi³

他提出一个新的建议。

9

我谂你换件衫会好啲。

ngo⁵ nem² néi⁵ wun⁶ gin³ sam¹ wui⁵ hou² did¹

我想你换件衣服会好点。

10

你最好听日[8]再打过嚟[9]。

néi⁵ zêu³ hou² ting¹ yed⁶ zoi³ da² guo³ lei⁴

你最好明天再打过来。

(8) 听日：明天
(9) 嚟：来

11

我哋去游水[10]，好唔好[11]？

ngo⁵ déi⁶ hêu³ yeo⁴ sêu², hou² m⁴ hou²

我们去游泳，好不好？

(10) 游水：游泳
(11) 好唔好：好不好

12

我建议你谂清楚再决定。

ngo⁵ gin³ yi³ néi⁵ nem² qing¹ co² zoi³ küd³ ding⁶

我建议你想清楚再做决定。

二十二 批评 Track 4-22

1	太过分啦。 tai^{3} guo^{3} fen^{6} la^{3} 太过分啦。	
2	你点解$^{(1)}$要咁$^{(2)}$做？ néi^{5} dim^{2} gai^{2} yiu^{3} gem^{2} zou^{6} 你为什么要这么做？	(1) 点解：为什么 (2) 咁：这么，这样
3	你点$^{(3)}$可以咁做呢？ néi^{5} dim^{2} ho^{2} yi^{5} gem^{2} zou^{6} né^{1} 你怎么可以这么做呢？	(3) 点：怎么
4	你有冇谂过$^{(4)}$后果啫$^{(5)}$？ néi^{5} yeo^{2} mou^{5} nem^{2} guo^{3} heo^{6} guo^{3} zé^{1} 你有没有想过后果呢？	(4) 有冇谂过：有没有想过 (5) 啫：句末语气词，这里有责备的语气。
5	你咁样好伤人自尊。 néi^{5} gem^{2} yêng^{2} hou^{2} sêng^{1} yen^{4} ji^{3} jun^{1} 你这样很伤人自尊。	
6	你唔可以打人，知唔知$^{(6)}$？ néi^{5} m^{4} ho^{2} yi^{5} da^{2} yen^{4}, ji^{1} m^{4} ji^{1} 你不可以打人，知道吗？	(6) 知唔知：知不知道

7

你太自私啦。

néi⁵ tai³ ji³ xi¹ la³

你太自私啦。

8

你从来都谂住(7)你自己。

néi⁵ cung⁴ loi⁴ dou¹ hei⁶ nem² ju⁶ néi⁵ ji³ géi²

你从来都是只想着你自己。

(7) 谂住：想着

9

你嘅(8)报告写得一塌糊涂。

néi⁵ gé³ bou³ gou³ sé² deg¹ yed¹ tab³ wu⁴ tou⁴

你的报告写得一塌糊涂。

(8) 嘅：的

10

你嘅字写得太难睇(9)嘞(10)。

néi⁵ gé³ ji⁶ sé² deg¹ tai³ nan⁴ tei² lag³

你的字写得太难看了。

(9) 难睇：难看

(10) 嘞：句末语气词，相当于普通话的“了”。

11

你太懒嘞。

néi⁵ tai³ lan⁵ lag³

你太懒了。

12

你太自大嘞。

néi⁵ tai³ ji⁶ dai⁶ lag³

你太自大了。

二十三 称赞

Track 4-23

1	你好叻[1]啊！ néi⁵ hou² lég¹ a¹ 你好棒啊！	(1) 叻：能干，棒
2	你做得好好[2]。 néi⁵ zou⁶ deg¹ hou² hou² 你做得很好。	(2) 好好：很好。前一个"好"是副词，表示程度高，后一个"好"是形容词，"好的"。
3	我好戥[3]你觉得骄傲。 ngo⁵ hou² deng⁶ néi⁵ gog⁶ deg¹ giu¹ ngou⁶ 我很为你感到骄傲。	(3) 戥：替
4	恭喜你。 gung¹ héi² néi⁵ 恭喜你。	
5	你好醒目[4]啊。 néi⁵ hou² xing² mug⁶ a³ 你很聪明啊。	(4) 醒目：机灵，聪明
6	佢好孝顺。 kêu⁵ hou² hao³ sên⁶ 他很孝顺。	

7

你嘅英文讲得好好。

néi^{5} gé^{3} ying^{1} men^{2} gong^{2} deg^{1} hou^{2} hou^{2}

你的英文讲得很好。

8

佢煮饭手势(5)好好啊。

kêu^{5} ju^{2} fan^{6} seo^{2} sei^{3} hou^{2} hou^{2} a^{3}

他做饭的手艺很好啊。

(5) 手势：手艺

9

呢杯果汁好好饮(6)。

Ni^{1} bui^{1} guo^{2} zeb^{1} hou^{2} hou^{2} yem^{2}

这杯果汁很好喝。

(6) 饮：喝

10

佢好锡(7)佢个仔(8)。

kêu^{5} hou^{2} ség^{3} kêu^{5} go^{3} zei^{2}

他很疼爱自己的儿子。

(7) 锡：疼爱

(8) 佢个仔：他的儿子。“个”与亲属称谓结合表示所属。

11

你今日零舍(9)靓(10)。

néi^{5} gem^{1} yed^{6} ling^{4} sé^{3} léng^{3}

你今天特别漂亮。

(9) 零舍：特别

(10) 靓：漂亮，美丽

12

你着(11)呢件衫真係(12)靓。

néi^{5} zêg^{3} ni^{1} gin^{3} sam^{1} zen^{1} hei^{6} léng^{3}

你穿这件衣服真漂亮。

(11) 着：穿

(12) 真係：真的是

二十四 祝愿 Track 4-24

1

祝你生(1)日快乐！

zug¹ néi⁵ sang¹ yed⁶ fai³ log⁶

祝你生日快乐！

(1) “生”还有另一个读音“seng¹”，一般来说，医生、生命、生活读“seng¹”，学生、生日、生意读“sang¹”。“sang¹”可以单独用，比如我朋友生咗个仔。（我朋友生了一个儿子。）而“seng¹”则不能单独使用。

2

新年快乐！

sen¹ nin⁴ fai³ log⁶

新年快乐！

3

圣诞快乐！

xing³ dan³ fai³ log⁶

圣诞快乐！

4

一路平安，旅途愉快。

yed¹ lou⁶ ping⁴ ngon¹ , lêu⁵ tou⁴ yu⁴ fai³

一路平安，旅途愉快。

5

祝你幸福。

zug¹ néi⁵ heng⁶ fug¹

祝你幸福。

6

祝你一切顺利！

zug¹ néi⁵ yed¹ cei³ sên⁶ léi⁶

祝你一切顺利！

7

希望你早日揾(2)到你嘅幸福。

héi¹ mong⁶ néi⁵ zou² yed⁶ wen² dou² néi⁵ gé³ he ng⁶ fug¹

希望你早日找到你的幸福。

(2) 揾：找

8

祝福你哋(3)白头到老。

zug¹ fug¹ néi⁵ déi⁶ bag³ teo⁴ dou³ lou⁵

祝你们白头到老。

(3) 你哋：你们

9

祝你早日康复。

zug¹ néi⁵ zou² yed⁶ hong¹ fug⁶

祝你早日康复。

10

祝财源广进。

zug¹ coi⁴ yun⁴ guong² zên³

祝财源广进。

11

祝大家心想事成(4)。

zug¹ dai⁶ ga¹ sem¹ sêng² xi⁶ xing⁴

祝大家心想事成。

(4) "成"有两个读音："xing⁴"和"séng⁴"。前者是书面语，后者是口语。"séng⁴"表示"整个、全部"。例如我成身俾雨淋湿咗。（我全身都被雨淋湿了。）

二十五 劝慰

Track 4-25

1

冇(1)担心，开心啲(2)啦。

mou5 dam1 sem1 , hoi1 sem1 did1 la1

别担心，开心点吧。

(1) 冇：不要，别。是“唔好”的连音简写。
(2) 啲：点，些

2

冇急，慢慢嚟。

mou5 geb1 , man6 man1 lei4

别急，慢慢来。

3

唔使(3)惊(4)，我会帮你。

m4 sei2 géng1 , ngo5 wui5 bong1 néi5

不用怕，我会帮你。

(3) 唔使：不用
(4) 惊：害怕

4

相信自己实得嘅(5)。

sêng1 sên3 ji6 gé1 sed6 deg1 gé3

相信自己肯定可以的。

(5) 实得嘅：肯定可以的

5

一切都会好起身(6)嘅。

yed1 cei3 dou1 wui5 hou2 héi2 sen1 gé3

一切都会好起来的。

(6) 起身：起来

6

分手啫(7)，有乜嘢(8)啊。

fen1 seo2 zé1 , yeo5 med1 yé2 a3

分手而已，有什么啊。

(7) 啫：而已。表不以为然的口气。
(8) 乜嘢：什么

7

有灰心，会好嘅。

mou[5] fui[1] sem[1], wui[6] hou[2] gé[3]

不要灰心，会好的。

8

我哋为你加油，你一定会好起身。

ngo[5] déi[6] wei[4] néi[5] ga[1] yeo[2],

néi[5] yed[1] ding[6] wui[5] hou[2] héi[2] sen[1]

我们为你加油，你一定会好起来的。

9

相信你自己。

sêng[1] sên[3] néi[5] ji[6] géi[2]

相信你自己。

10

相信你好快会好起身。

sêng[1] sên[3] néi[5] hou[2] fai[3] wui[5] hou[2] héi[2] sen[1]

相信你很快会好起来。

11

呢[9]一切会过去嘅。

ni[1] yed[1] cei[3] wui[5] guo[3] hêu[3] gé[3]

这一切会过去的。

(9) 呢：这

12

我哋与你同在。

ngo[5] déi[6] yu[2] néi[5] tung[4] zoi[3]

我们与你同在。

二十六 评价 Track 4-26

1

佢好聪明能干。

kêu^5 hou^2 cung^1 ming^4 neng^4 gon^3

他很聪明能干。

2

佢呢个人(1) 好无情。

kêu^5 ni^1 go^3 yen^4 hou^2 mou^4 qing^4

他这个人好无情。

(1) 呢个人：这个人

3

佢係铁石心肠嘅人。

kêu^5 hei^6 tid^3 ség^4 sem^1 cêng^4 gé^3 yen^4

他是铁石心肠的人。

4

我哋(2) 老细(3) 好孤寒(4) 。

ngo^5 déi^6 lou^5 sei^3 hou^2 gu^1 hon^4

我们老板很小气。

(2) 我哋：我们
(3) 老细：老板
(4) 孤寒：小气，抠门

5

佢份人(5) 好小气嘅。

kêu^5 fen^6 yen^4 hou^2 xiu^2 héi^3 gé^3

她这个人很小气的。

(5) 佢份人：他这个人

6

佢係好优秀嘅人。

kêu^5 hei^6 hou^2 yeo^1 seo^3 gé^3 yen^4

他是很优秀的人。

7

佢好有修养。

kêu⁵ hou² yeo⁵ seo¹ yêng⁵

他很有修养。

8

佢喺(6)学校係个万人迷。

kêu⁵ hei² hog⁶ hao⁶ hei⁶ go³ man⁶ yen⁴ mei⁴

她在学校是个万人迷。

(6) 喺：在

9

呢个(7)牌子嘅洗衣机唔好用。

ni¹ go³ pai⁴ ji² gé³ sei² yi¹ géi¹ m⁴ hou² yung⁴

这个牌子的洗衣机不好用。

(7) 呢个：这个

10

呢个款已经过气(8)嘞。

ni¹ go³ fun² yi⁵ ging¹ guo³ héi³ lag³

这个款已经过时了。

(8) 过气：过时

11

电视国产嘅都好好。

din⁶ xi⁶ guog³ can² gé³ dou¹ hou² hou²

国产电视机也很好。

12

呢个(9)手机质量好差啊。

ni¹ go³ seo² géi¹ zed¹ lêng⁴ hou² ca¹ a³

这部手机质量很差啊。

(9) 呢个：这个

第5章

实用日常会话

一 寒暄介绍

1 打招呼

1 常用单句 Track 5-01

1 早晨！
早上好！

2 你身体好嘛？
你身体好吗？

3 几好[1]，你呢？
挺好的，你呢？

4 早唞！
晚安！

5 你呢排[2]忙啲乜嘢啊？
你这段时间忙些什么呢？

6 再约过啦。
到时再约吧。

7 咁啱[3]嘅？
这么巧？

8 近排[4]过得点嘛？
最近过得怎么样？

9 揾日出嚟倾下偈[5]啊。
改天出来聊聊天啊。

10 好耐[6]冇见！
好久不见！

词汇

(1) 几好：挺好

(2) 呢排：最近，这段时间

(3) 啱：凑巧

(4) 近排：最近，这段时间

(5) 倾下偈：聊一下天

(6) 耐：表示长时间，久

说明

★ “早上好”的问候就是“早晨”。

★ 早唞：字面意思是“早点休息”，用于晚上就是晚安的意思。

2 情景对话

对话一 初次见面

粤语	普通话
子维：你好！我叫蒙子维。	子维：你好！我叫蒙子维。
家明：你好！我叫李家明。	家明：你好！我叫李家明。
子维：好开心识得你！	子维：很开心认识你！
家明：我都係！	家明：我也是！

对话二 偶然相见

粤语	普通话
小林：咁啱嘅？你又喺度。	小林：这么巧，你也在这里。
小敏：係咯，真係好啱啊。	小敏：是啊，真的好巧啊。
小林：近排过得点嘛？	小林：最近过得怎么样？
小敏：都几啦，你呢？	小敏：还行吧，你呢？
小林：又咪係咁。揾日出嚟倾下偈啊。	小林：还是那样。改天出来聊聊啊。
小敏：好啊好啊，噉係咁先啦。	小敏：好啊好啊，那就先这样吧。

对话三 好久不见

粤语	普通话
小丽：好耐冇见！安琪！	小丽：好久不见！安琪！
安琪：係啊，真係好耐冇见嘞。	安琪：对啊，真的好久没见了。
小丽：点嘛？结婚未？	小丽：怎么样？结婚了吗？
安琪：未啊，工作太忙嘞。	安琪：没有呢，工作太忙了。

2 相识

1 常用单句

Track 5-02

1 你边度[(1)] 人啊?
你哪里人啊?

2 嗰个[(2)] 係边位啊?
那个是哪位啊?

3 你做边一行[(3)] 㗎?
你做哪一行的?

4 我喺银行上班。
我在银行上班。

5 你手机冧巴[(4)] 係几多[(5)] 啊?
你手机号码是多少啊?

6 可唔可以俾你嘅地址我?
可不可以给我你的地址?

7 呢张係我咭片[(6)]。
这是我的名片。

8 请多多指教。
请多多指教。

9 多啲[(7)] 联系。
多联系。

10 保持联络。
保持联系。

词汇

(1) 边度：哪里

(2) 嗰个：那个

(3) 边一行：哪一行

(4) 冧巴：号码。是英文“number”的音译。

(5) 几多：多少

(6) 咭片：名片

(7) 多啲：多一点，多一些

说明

★ 俾你嘅地址我：给我你的地址。这里是粤语语法“施受”关系句，受者在最后。具体讲解请参见第二章。

★ 多啲：“多一点”的简略表达。量词“一”可以省略，如“试一下”变为“试下”。

2 情景对话

对话一 询问家乡

家明：你係边度人啊？	家明：你是哪里人啊？
子维：我係广东人。	子维：我是广东人。
家明：係啊？我好中意广州啊。	家明：是吗？我很喜欢广州呢。
子维：食在广州嘛。	子维：吃在广州嘛。

对话二 询问某人

李婷：嗰个係边位啊？	李婷：那位是谁啊？
李明：係蒙子维。	李明：是蒙子维。
李婷：佢係北京人咩？	李婷：他是北京人吗？
李明：唔係，佢係广东人。	李明：不是，他是广东人。

对话三 询问联系方式

丽莎：可唔可以俾你嘅地址我？	丽莎：可不可以给我你的地址？
李娜：好，我嘅地址係深圳福田区世贸广场。	李娜：好，我的地址是深圳福田区世贸广场。
丽莎：电子邮箱呢？	丽莎：电子邮箱呢？
李娜：我写俾你，噏。	李娜：我写给你，喏。
丽莎：唔该。	丽莎：谢谢。

3 介绍

1 常用单句

Track 5-03

1 你好，我叫蒙丽莎。

你好，我叫蒙丽莎。

2 我係李娜。

我是李娜。

3 点(1)称呼你?

怎么称呼你?

4 叫我阿英就得(2)啦。

叫我阿英就好。

5 成日听佢讲起你。

经常听他讲起你。

6 我谂(3)我哋之前见过。

我想我们之前见过。

7 我嚟(4)介绍一下。

我来介绍一下。

8 我哋冇见过啩?

我们没有见过吧?

9 呢位係我隔离屋(5)。

这位是我的邻居。

10 请入嚟(6)。

请进来。

词汇

(1) 点：怎么

(2) 得：可以，行

(3) 谂：想

(4) 嚟：来

(5) 隔离屋：隔壁邻居

(6) 入嚟：进来

说明

★ 啩：句末语气词，相当于普通话的“吧”。

★ 谂：本意是“思考，考虑”的意思，这里做“想，认为”。

2 情景对话

对话一 正式见面

粤语	普通话
子维：你好，请允许我自我介绍一下，我叫蒙子维。	子维：你好，请允许我自我介绍一下，我叫蒙子维。
家明：我哋冇见过啩？我叫李家明。	家明：我们没有见过吧？我叫李家明。
子维：欢迎嚟广东，家明。	子维：欢迎来广东，家明。
家明：多谢，我好荣幸。	家明：谢谢，我很荣幸。

对话二 相互介绍

粤语	普通话
丽莎：好开心见到你，我叫丽莎。	丽莎：很开心见到你，我叫丽莎。
李娜：你好，我叫李娜，呢位係我隔离屋，叫安琪。	李娜：你好，我叫李娜，这位是我的邻居，叫安琪。
丽莎：你好，好开心识得你啊，安琪。	丽莎：你好，很高兴认识你，安琪。
安琪：我都係啊。	安琪：我也是。

对话三 做客

粤语	普通话
小敏：小林，呢位係李明，我嘅老同学。	小敏：小林，这位是李明，我的老同学。
小林：晚上好，请入嚟啦。	小林：晚上好，请进吧。
李明：晚上好，好开心识得你。	李明：晚上好，很开心认识你。

4 道别

1 常用单句 Track 5-04

1 再见！
再见！

2 听日(1) 见啦。
明天见啦。

3 係咁先，路上注意安全！
先这样，路上注意安全！

4 路上小心啲啊！
路上小心点啊！

5 第日(2) 约过啦。
改天再约吧。

6 一阵(3) 见。
一会儿见。

7 保持联络。
保持联络。

8 保重身体。
保重身体。

9 走先啦。
先走啦。

10 好夜嘞，我要走啦。
很晚了，我要走啦。

词汇

(1) 听日：明天

(2) 第日：改天

(3) 一阵：一会儿

说明

★ 係咁先：先这样。在粤语语法中，“先”跟在动词或者动宾短语后面，表示“先做某事”。

★ 走先：先走。“先”跟在动词或者动宾短语后面，表示“先做某事”。

★ 夜：表示夜深。普通话中，表示时间迟用“晚”，而粤语中，在白天表示时间迟用“晏”，晚上用“夜”。如“我好晏先起身。”（我很晚才起床。）/“我琴晚好夜先瞓。”（我昨晚很晚才睡。）

2 情景对话

对话一　一天工作结束

小丽：我约咗人，走先啦。	小丽：我约了人，先走啦。
安琪：好啊，我都准备走嘞。	安琪：好的，我也准备走了。
小丽：噉听日见啦，拜拜。	小丽：那明天见，拜拜。
安琪：明天见，拜拜。	安琪：明天见，拜拜。

对话二　晚会结束

李娜：好夜嘞，我要走啦。	李娜：很晚了，我要走了。
小敏：好开心你能够嚟。	小敏：很高兴你能来。
李娜：多谢你嘅款待，早唞。	李娜：谢谢你的款待，晚安。
小敏：早唞。	小敏：晚安。

对话三　一周结束

子维：卒之到周末嘞，可以出去玩啦！	子维：终于到周末啦，可以出去玩啦！
李娜：去边度玩啊？	李娜：去哪里玩啊？
子维：去海边。唔讲住嘞，我要啦啦临翻去执嘢先，下星期见，拜拜！	子维：去海边。先不说了，我要赶紧回去收拾，下星期见，拜拜！
李娜：嗯，玩得开心！	李娜：嗯，玩得开心！

二 日常生活

1 时间

1 常用单句 Track 5-05

1 而家[1]几点？
现在几点？

2 而家三点五个字[2]。
现在 3 点 25 分。

3 你几点钟落班[3]？
你几点钟下班？

4 下昼[4]五点钟。
下午 5 点钟。

5 唔该[5]，而家几点啦？
请问，现在几点啦？

6 我只[6]表坏咗嘞。
我的表坏了。

7 而家八点三个字过两分。
现在 8 点 17 分。

8 差唔多九点九嘞。
差不多 9 点 45 了。

9 时间啱啱[7]好。
时间刚刚好。

10 半个钟头度[8]。
半个小时左右。

词汇

(1) 而家：现在
(2) 五个字：二十五分钟
(3) 落班：下班
(4) 下昼：下午
(5) 唔该：请问，麻烦，劳驾
(6) 只：量词
(7) 啱啱：刚刚
(8) 度：大概，左右

说明

★ 在粤语中，五分钟为“一个字”。除了半个小时不用说“六个字”外，都按五分钟为一个字表达，比如 3：30 读为“三点半”，3：50 读为“三点十个字”。

★ 落班：下班。普通话中作此意的动词“下”在粤语中可变为“落”。比如下车、下楼，可表达为“落车、落楼”。

★ 表(biu)：表示“手表”时读一声。其他时候读“biu^2”。例如表格、表示等。

2 情景对话

对话一　准时到达

子维：火车几点钟开？	子维：火车几点钟出发？
家明：十点五个字。	家明：10点25分。
子维：噉而家几点？	子维：那现在几点？
家明：十点三个字。	家明：10点15分。
子维：好彩，时间啱啱好。	子维：幸好来得及时。

对话二　守时秘诀

李娜：你住得咁远，但冇见你迟到过。	李娜：你住得这么远，但是没有见你迟到过呢。
丽莎：因为我将只表调快咗两个字。	丽莎：因为我把表调快了10分钟。
李娜：哦，噉你地铁嚟要几耐？	李娜：哦，那你坐地铁来要多久？
丽莎：半个钟头度啦。	丽莎：半个小时左右吧。

对话三　迟到

小林：唔好意思啊，我迟到咗。	小林：不好意思啊，我迟到了。
小敏：你搞边科啊？迟咗成半个几钟？	小敏：怎么回事啊？迟了半个多小时？
小林：塞车啊，郁都郁唔到……	小林：堵车啊，动都动不了……
小敏：好啦，快啲入去，等紧你啊。	小敏：好了，快点进去，都等着你呢。

2 日期

1 常用单句 Track 5-06

1 今日係几号?
今天是几号?

2 今日係九月十九号。
今天是 9 月 19 号。

3 旧历[1]係几多?
农历是多少号?

4 今日係星期几?
今天是星期几?

5 今日係礼拜六。
今天是礼拜六。

6 今年係乜嘢[2]年?
今年是什么年?

7 今年係羊年。
今年是羊年。

8 大后日好似[3]係爸爸生日。
大后天好像是爸爸生日。

9 而家[4]係乜嘢季节?
现在是什么季节?

10 而家几月份?
现在几月份?

词汇

(1) 旧历：农历
(2) 乜嘢：什么（东西）
(3) 好似：好像
(4) 而家：现在

说明

★ 好似：好像。表（长得）相像；不确定。如呢个细路仔生得好似佢老窦啊。（这个小孩子长得好像他爸爸啊。）好似係，我唔确定啊。（好像是的，我不确定。）

2 情景对话

对话一 询问日期

粤语	普通话
天清：今日係几月几号？	天清：今天是几月几号？
小林：今日係九月十九号，做乜野？	小林：今天是9月19号，怎么了？
天清：下个星期我哋数学考试啊。	天清：下个星期我们数学考试。
小林：哦，加油。	小林：哦，加油。

对话二 询问休息日

粤语	普通话
子维：你几时休息？	子维：你什么时候休息？
小敏：我星期六日休息。	小敏：我周六日休息。
子维：噉谂住去边度玩？	子维：那打算去哪里玩？
小敏：未知住啊，到时睇下咯。	小敏：还不知道，到时看下啰。

对话三 节假日

粤语	普通话
家明：下个礼拜就中秋嘞，好快啊。	家明：下个礼拜就中秋了，好快啊。
李娜：好嘢，可以去玩啦。	李娜：太好了，可以去玩了。
家明：你唔翻屋企咩？	家明：你不回家吗？
李娜：先得两日假，等国庆至翻。	李娜：才两天假期，等国庆再回。

3 天气

1 常用单句 Track 5-07

1 今日热得好交关(1)。

今天热得好厉害。

2 听话(2)听日(3)冷空气嚟。

听说明天有冷空气。

3 出便(4)好大雨啊。

外面好大雨啊。

4 台风好得人惊(5)啊。

台风好可怕啊。

5 听日降温，着(6)多啲衫。

明天降温，多穿点。

6 天气预报点讲?

天气预报怎么说?

7 今日零下 5 度，好冻(7)啊。

今天零下 5℃，好冷啊。

8 出便落雪(8)啦。

外面下雪啦。

9 就嚟中暑嘞。

就要中暑了。

10 今日点解(9)咁冻嘅?

今天为什么这么冷?

词汇

(1) 交关：厉害

(2) 听话：听说

(3) 听日：明天

(4) 出便：外面

(5) 得人惊：可怕，让人感到害怕

(6) 着：穿

(7) 好冻：好冷

(8) 落雪：下雪

(9) 点解：为什么

说明

★ 交关：厉害。表程度高。

★ 得人惊：(让人)害怕。惊，口语读“géng1”，害怕的意思，书面语读“ging1”，比如惊喜、惊讶、惊奇。

★ 嚟：原意是“来”，在此句话中，“就嚟”的意思是“快要，将近”。

2 情景对话

对话一 天热

子维：今日几度啊？就嚟中暑嘞。	子维：今天几度啊？就要中暑了。
丽莎：天气预报话 32 度。	丽莎：天气预报说 32℃。
子维：唔怪知得啦。	子维：怪不得。
丽莎：冇事都係冇出去好过嘞。	丽莎：没事还是不要出去比较好。

对话二 天冷

家明：哇，今日点解咁冻嘅？	家明：哇，今天怎么这么冷？
小敏：係啊，呢几日有雪啊。	小敏：是啊，这几天有雪呢。
家明：係啊？噉要着多啲嘞。	家明：真的？那要多穿点了。

对话三 下雨

小林：又落雨嘞。	小林：又下雨了。
李娜：又落啦？已经落咗三日嘞都。	李娜：又下了？已经下了 3 天了。
小林：係啊，好唔方便。	小林：是啊，很不方便。
李娜：感觉到处都邋邋遢遢噉。	李娜：感觉到处都脏兮兮的。

4 起床前后

1 常用单句： Track 5-08

1 你平时几点起身[(1)]？
你平时几点起床？

2 翻工[(2)]嘅话就七点半。
上班的话就7点半。

3 今日朝早[(3)]瞓过龙[(4)]啦。
今天早上睡过头了。

4 快啲[(5)]起身，要迟到嘞。
快点起床，要迟到了。

5 我习惯起身饮[(6)]杯开水。
我习惯起来喝杯开水。

6 我早餐食面包同牛奶。
我早餐吃面包和牛奶。

7 我坐地铁翻工。
我坐地铁上班。

8 点解闹钟未响？
为什么闹钟没有响？

9 我嚟唔彻[(7)]啦。
我来不及啦。

10 瞓[(8)]多阵[(9)]先啦。
再多睡一会儿啦。

词汇

(1) 起身：起床
(2) 翻工：上班
(3) 朝早：早上
(4) 瞓过龙：睡过头
(5) 快啲：快点
(6) 饮：喝
(7) 嚟唔彻：来不及
(8) 瞓：睡
(9) 阵：一会儿

说明

★ 起身：本意是起来，也有起床的意思。如企起身。（站起来）。

★ 未与冇：未，没有。表示在某一时刻尚未完成。如—你食咗饭未？（你吃饭了吗？）—未食。（还没有吃。）/—冇。（没有。）表示否定。

2 情景对话

对话一 叫醒

粤语	普通话
妈妈：起身啦，子维！	妈妈：起床啦，子维！
子维：瞓多阵先啦。	子维：让我多睡一会儿啦。
妈妈：而家都成七点半啦，一阵迟到嘅啦。	妈妈：现在都7点半了，一会儿迟到了。
子维：哦，好啦。	子维：哦，好吧。

对话二 洗漱

粤语	普通话
妈妈：快啲刷牙洗面。	妈妈：快点刷牙洗脸。
子维：妈咪，冇牙膏啦。	子维：妈妈，没有牙膏啦。
妈妈：上面柜桶有，自己攞啦。	妈妈：上面抽屉有，自己拿吧。
子维：好，见到嘞。	子维：好，看到啦。

对话三 早饭

粤语	普通话
妈妈：快啲食啦，一阵迟到啦。	妈妈：快点吃吧，一会儿迟到了。
子维：妈妈，我唔想食粥啊。	子维：妈妈，我不想喝粥。
妈妈：噉你想食乜嘢？妈妈煮过。	妈妈：那你想吃什么？妈妈再煮。
子维：我想食油炸鬼。	子维：我想吃油条。

5 一天活动

1 常用单句 Track 5-09

1 我朝早(1)九点上班，下昼(2)五点落班(3)。

我早上 9 点上班，下午 5 点下班。

2 我同班(4)同事食晏(5)。

我和同事们吃午餐。

3 有时落班都要加班添(6)。

有时候下班还要加班呢。

4 食完晏就瞓一阵。

吃完午饭就睡一会儿。

5 每日食完晚饭都唔想郁(7)。

每天吃完晚饭都不想动。

6 食完饭仲(8)要执嘢(9)。

吃完饭还要收拾东西。

7 你晚饭点算(10)啊?

你晚饭怎么办啊?

8 有时仲要陪小朋友做功课(11)。

还要陪小朋友做作业。

9 仲有讲古仔(12)氹(13)个仔(14)瞓觉(15)。

还有讲故事哄儿子睡觉。

词汇

(1) 朝早：早上
(2) 下昼：下午
(3) 落班：下班
(4) 班：量词，帮
(5) 食晏：吃中饭
(6) 添：句末语气词，……呢
(7) 唔想郁：不想动
(8) 仲：还
(9) 执嘢：收拾东西
(10) 点算：怎么办
(11) 功课：作业
(12) 古仔：故事
(13) 氹：哄
(14) 仔：儿子
(15) 瞓觉：睡觉

说明

★ 晏昼：意思是“中午”，“食晏”就是吃午饭的意思。

★ 执嘢：收拾东西。执，有“拣”的意思。如执起身。（捡起来。）

★ 个：量词，与年龄或辈分在自己以下的亲属名词结合表示所属，如我个仔。（我的儿子。）

2 情景对话

对话一 留下加班

粤语	普通话
李娜：仲唔走啊？	李娜：还不走啊？
家明：仲未做晒啲嘢啊，要加班添。	家明：还没有做完工作，要加班呢。
李娜：噉你晚饭点算啊？	李娜：那你晚饭怎么办？
家明：叫咗外卖嘅啦。	家明：叫了外卖。

对话二 整理房间

粤语	普通话
妈妈：你间房咁乱，执下啦。	妈妈：你的房间这么乱，收拾下啦。
小敏：好啦，今日大扫除。	小敏：好吧，今天大扫除。
妈妈：我哋一齐将屋企清理干净。	妈妈：我们一起把家里打扫干净。
小敏：好啊，我搞掂我间房就帮手。	小敏：好啊，我搞定我的房间就来帮忙。

对话三 帮做家务

粤语	普通话
妈妈：子维，帮妈咪拖地啦。	妈妈：子维，帮妈妈拖地吧。
子维：唔想郁啊。	子维：不想动啊。
妈妈：冇咁懒啦，快啲去啦。	妈妈：不要这么懒，快点去啦。
子维：好吧。	子维：好吧。

6 晚间活动

1 常用单句 Track 5-10

1 食完饭去散步点嘛(1)？
吃完饭去散步怎么样？

2 听晚(2)有个红酒会。
明晚有个红酒会。

3 以后要多啲聚下先得。
以后要多聚才行。

4 今晚继续煲剧(3)。
今晚继续追电视剧。

5 冇乜嘢(4)好睇(5)嘅电视。
没什么好看的电视。

6 每晚都喺度(6)打机(7)。
每晚都在打游戏。

7 瞓之前我会睇下书。
睡之前我会看一下书。

8 为咗(8)睇波(9)成晚(10)冇瞓(11)。
为了看球赛整晚没睡。

9 佢沉迷于游戏中。
他沉迷于游戏。

10 瞓前听歌助眠。
睡前听歌助眠。

词汇

(1) 点嘛：怎么样
(2) 听晚：明晚
(3) 煲剧：追电视剧
(4) 冇乜嘢：没什么
(5) 好睇：好看
(6) 喺度：正在
(7) 打机：打游戏
(8) 为咗：为了
(9) 睇波：看球赛
(10) 成晚：整晚
(11) 冇瞓：没睡

说明

★ 煲剧：追电视剧。煲，因为追电视剧需要较长一段时间，所以叫“煲剧”。

★ 睇波：看球赛。“波”是英文ball的音译。但是“篮球、足球”这些是专有名词，不能叫“篮波、足波”。

2 情景对话

对话一　聚会

粤语	普通话
小林：毕业之后今次係大家第一次见面，大家都变化好大。	小林：这是大家毕业后第一次见面，大家都变化好大啊。
小李：係啊，以后要多啲聚下先得。	小李：是啊，以后要多聚聚才行。
小林：你而家做边行啊？	小林：你现在做哪一行？
小李：我而家自己开咗间公司，做武术相关嘅产品。	小李：我现在自己开了家公司，做武术相关的产品。

对话二　卡拉 OK

粤语	普通话
丽莎：我哋今晚聚会去 KTV 咯？	丽莎：我们今晚聚会去 KTV 吧？
小敏：好啊，好耐冇去 K 歌啦。	小敏：好啊，好久没有去唱歌了。
家明：你哋去啦，我五音不全，就唔去嘞。	家明：你们去吧，我五音不全，就不去了。
丽莎：一齐啦，大家开心啫。	丽莎：一起啦，大家开心而已。

对话三　看电视

粤语	普通话
小林：呢个电视好闷啊，我可唔可以转台？	小林：这部电视剧好无聊，我可以换台吗？
家明：梗係得啦，遥控器俾你。	家明：当然可以，给你遥控器。
小林：你中意睇乜嘢？	小林：你喜欢看什么？
家明：求其啦，都得。	家明：随便吧，都可以。

三 朋友之间

1 谈论家庭

1 常用单句 Track 5-11

1 你屋企[(1)]几个人啊?
你家几个人啊?

2 我屋企就爸爸妈妈同埋[(2)]我。
我家里只有爸爸、妈妈和我。

3 我屋企有五个人。
我家有 5 口人。

4 你屋企住边度啊?
你家住哪里啊?

5 你爸爸係做乜嘢工作嘅?
你爸爸是做什么工作的?

6 你结咗婚未?
你结婚了吗?

7 佢生咗个仔啊。
她生了个儿子啊。

8 你有冇[(3)]生仔[(4)]啊?
你有没有小孩?

9 我仲未[(5)]结婚。
我还没有结婚。

10 嗰个小朋友好得意[(6)]啊。
那个小朋友好可爱啊。

词汇

(1) 屋企：家里
(2) 同埋：和，与
(3) 有冇：有没有
(4) 生仔：生孩子
(5) 仲未：还没有
(6) 得意：可爱

说明

★ 生仔：生孩子。“仔”除了有“儿子”的意思，也有“孩子”的意思。

2 情景对话

对话一 询问家庭成员

子维：你屋企有几个人啊？	子维：你家有几口人啊？
家明：有四个，爸爸妈妈，仲有个家姐。	家明：有4口人，爸爸、妈妈，还有个姐姐。
子维：我屋企就爸爸妈妈同埋我。	子维：我家里就爸爸、妈妈和我。
家明：得你一个会唔会好无聊啊？	家明：就你一个会不会很无聊啊？

对话二 询问家庭职业

子维：你睇呢张係我屋企嘅全家福。	子维：你看这张是我们的全家福。
李娜：你好似你爸爸啊。係喇，你屋企係做乜嘢嘅咧？	李娜：你好像你爸爸啊，对了，你家是做什么的啊？
子维：我屋企係做饰品嘅，主要做琥珀。	子维：我家是做饰品的，主要做琥珀。
李娜：琥珀好靓，我好中意啊。	李娜：琥珀好漂亮，我好喜欢啊。

对话三 询问婚姻情况

小敏：你家姐结婚未啊？	小敏：你姐姐结婚没有啊？
小林：嗯，结咗啦，仲生咗个仔添。	小林：嗯，结了，都有儿子了。
小敏：哇，咁快手嘅？	小敏：哇，这么快啊？
小林：係啊，俾你睇个bb嘅相，好得意啊。	小林：是啊，给你看宝宝照片，很可爱呢。

2 谈论爱好

1 常用单句 Track 5-12

1 你平时中意玩啲[1]乜嘢[2]啊？
你平时喜欢玩些什么啊？

2 你有乜嘢爱好啊？
你有什么爱好啊？

3 我唔中意[3]去酒吧。
我不喜欢去酒吧。

4 唔中意太嘈[4]。
不喜欢太吵。

5 我都好中意户外活动嘅。
我也很喜欢户外活动的。

6 你中唔中意唱歌？
你喜欢唱歌吗？

7 我都係中意睇[5]书多啲。
我还是喜欢看书多一点。

8 我得闲[6]都会去饮下咖啡同埋睇下书。
我有空会去喝咖啡，还有看书。

9 推荐几本哲学方面嘅书我睇啦。
推荐几本哲学方面的书给我看吧。

10 嗰个女仔煮饭好犀利[7]啊。
那个女孩子做饭很棒啊。

词汇

(1) 啲：一点，一些
(2) 乜嘢：什么
(3) 唔中意：不喜欢
(4) 太嘈：太吵
(5) 睇：看
(6) 得闲：有空
(7) 犀利：厉害

说明

★ 第 9 句为粤语中的“施受”关系句，受者前的动词“给”可以省略不要。句式为：(主语+) 动词 + 物体 + 受者(+ 动词)。如我俾水你饮。(我给你水喝。)爸爸俾钱我用。(爸爸给钱让我花。)

2 情景对话

对话一 阅读

子维：你中唔中意睇书啊？	子维：你喜不喜欢看书啊？
家明：都中意嘅，有时会去图书馆睇书。	家明：喜欢，有时会去图书馆看书。
子维：我比较中意睇哲学方面嘅。	子维：我比较喜欢看哲学方面的书。
家明：係？推荐几本我睇啦。	家明：是吗？推荐几本给我看吧。

对话二 业余时间

李娜：你平时都做啲乜嘢呢？	李娜：你平时都做些什么呢？
丽莎：我得闲都会去饮下咖啡同埋睇下书放松咯。	丽莎：我有空会去喝喝咖啡，还有看下书放松。
李娜：好小资嘅生活啊，我就中意瞓懒觉啦。	李娜：好小资的生活，我就喜欢睡懒觉。
丽莎：唔怪之得啦，肥到噉……	丽莎：怪不得，胖成这个样……

对话三 喜欢做饭

小敏：你嘅爱好係乜嘢啊？	小敏：你的爱好是什么啊？
丽莎：我的嘅爱好係煮饭。	丽莎：我的爱好是煮饭。
小敏：好犀利啊，而家识煮饭嘅女仔好少了。	小敏：好厉害啊，现在会做饭的女孩子很少了。
丽莎：因为我自己好为食啊。	丽莎：因为我自己很嘴馋啊。

3 争吵

1 常用单句 Track 5-13

1 你次次都係咁。
你每次都这样。

2 激[1]死我啦。
气死我啦。

3 行开[2]，咪[3]烦我。
走开，别烦我。

4 你呃[4]咗我好多次啦。
你骗我很多次了。

5 点解你成日都係咁?
为什么你老是这样?

6 你同[5]我扯[6]，我唔想见到你。
你给我滚，我不想见到你。

7 我警告你，冇再烦我嘞。
我警告你，别再烦我了。

8 收声[7]啊！我同你势不两立。
不要再说了！我和你势不两立。

9 冇劳气[8]。
不要生气。

10 冇嘈[9]啦！
别吵啦！

词汇

(1) 激：气，惹，……导致……
(2) 行开：走开
(3) 咪：不要，别
(4) 呃：骗
(5) 同：和，跟，替
(6) 扯：滚
(7) 收声：住口，停止说话
(8) 劳气：生气
(9) 冇嘈：不要吵

说明

★ 冇，咪：都是“不要，别”的意思。“冇”是“唔好”的连音。

★ 激：气，惹，……导致……。如你冇激佢啦。(你不要惹他啦。)

★ 行开：走开。行，既可以表示一般的行走，如行快啲。(走快点。)也可以表示“逛”，如我同佢行街。(我跟他逛街。)

2 情景对话

对话一 噪音

小林：隔离装修嘈到死。	小林：隔壁装修吵得要死。
小敏：都有好多日嘞。	小敏：都有好几天了。
小林：觉都瞓唔好。	小林：觉都睡不好。
小敏：要搵物业投诉下先得。	小敏：要找物业投诉下才行。

对话二 吵架

家明：小敏，你听我讲啦。	家明：小敏，你听我说啦。
小敏：我唔听啊，你同我扯啊。	小敏：我不听，你给我滚。
家明：你冷静下先啦，冇劳气。	家明：你冷静下，不要生气。
小敏：收声啊！	小敏：闭嘴！

对话三 分手

小敏：我睇到你同其他女仔去睇电影，我哋分手啦。	小敏：我看到你和其他女孩子去看电影了，我们分手吧。
家明：你听我解释啦。	家明：你听我解释啦。
小敏：唔使嘞，我哋从此一刀两断！	小敏：不用了，我们从此一刀两断！

4 寻求帮助

1 常用单句 Track 5-14

1 可唔可以[1]帮下我啊?
能帮我一下吗?

2 你可唔可以帮我打电话俾[2]公司请假?
你可以帮我打电话给公司请假吗?

3 我想请你帮手[3]……
我想请你帮忙……

4 可唔可以借你嘅电话我用下?
能不能借我你的电话用一下?

5 我支笔坏咗，可唔可以借你嘅用下?
我的笔坏了，能不能借你的用下?

6 如果你需要乜嘢就同我讲啦。
如果你需要什么就和我说吧。

7 放心啦，包喺我身上。
放心吧，包在我身上。

8 我好想帮你，不过我而家[4]好忙。
我很想帮你，不过我现在很忙。

9 梗係[5]冇问题啦。
当然没有问题啦。

10 冇嘢[6]，我可以帮你。
没什么的，我能帮你。

词汇

(1) 可唔可以：可不可以，能不能
(2) 俾：给
(3) 帮手：帮忙
(4) 而家：现在
(5) 梗係：当然
(6) 冇嘢：没事

说明

★“帮手”和“帮忙”：帮忙应用在向外寻求帮助上。如你可唔可以帮我一个忙?（你能不能帮我一个忙?）而“帮手”通常用在主动帮助别人时，比如我嚟帮你手啦。（我来帮你吧。）

2 情景对话

对话一 火车上

丽莎：唔该，可唔可以帮我将个箱放上去啊？

家明：梗係冇问题啦。

丽莎：真係唔该晒你啊。

家明：冇嘢，举手之劳啫。

丽莎：打扰一下，可不可以帮我把这个箱子放上去啊？

家明：当然可以了。

丽莎：真是谢谢你啊。

家明：没事，举手之劳而已。

对话二 同事之间

子维：家明，我屋企突然有事，你可唔可以喺落班之前，帮我将份文件俾经理啊？

家明：得，冇问题，你快啲翻去啦。

子维：好，唔该晒你啊。

子维：家明，我家里突然有事，你可不可以在下班之前，帮我把这份文件给经理啊？

家明：行，没问题，你快点回去吧。

子维：好，谢谢你啊。

对话三 同学之间

小林：我嘅铅笔断咗嘞，你可唔可以借支俾我用啊？

小敏：得，我有好多支，你中意边支自己攞。

小林：咁我就要支红色嘅啦。

小林：我的铅笔断了，你可不可以借支给我用啊？

小敏：可以，我有很多支，你喜欢哪支自己拿。

小林：那我就要支红色的吧。

四 餐馆聚餐

1 预约

1 常用单句 Track 5-15

1 我想预订听晚[1]嘅晚餐。
我想预订明晚的晚餐。

2 请问有冇[2]包房？
请问有包间吗？

3 请问几位？
请问几位？

4 三个大人一个小朋友。
3 个大人 1 个小朋友。

5 我哋[3]包房至少要 8 个人先[4]可以预订。
我们包房至少要 8 个人才可以预订。

6 我要冇烟区[5]。
我要无烟区。

7 要安静啲嘅位。
要安静点的位置。

8 噉[6]靠窗嘅呢？
那靠窗的呢？

9 我哋唔接受预订嘅。
我们不接受预订的。

10 请听晚七点准时到。
请明晚 7 点准时到。

词汇

(1) 听晚：明晚

(2) 冇：没有

(3) 我哋：我们

(4) 先：才

(5) 冇烟区：无烟区

(6) 噉：那么，这么

说明

★ 先：此处做“才”意。如我先落班。（我才下班。）与“先”跟在动宾短语后面不一样，如我落班先。（我先下班了。）

2 情景对话

对话一　询问餐位

餐厅：你好，广州酒家。	餐厅：你好，广州酒家。
子维：你好，请问而家有冇位？	子维：你好，请问现在有没有位子？
餐厅：唔好意思，而家冇位，不过一个钟头后就有。	餐厅：不好意思，现在没有位子，不过 1 个小时后会有。
子维：哦，噉我再睇下啦。	子维：哦，那我再看下吧。

对话二　预订失败

餐厅：你好，呢度广州酒家，有乜嘢可以帮到你？	餐厅：你好，这里是广州酒家，有什么可以帮你的？
子维：你好，我想预订今晚嘅两人位。	子维：你好，我想预订今晚的两人位。
餐厅：唔好意思，今晚满晒了，你可以预订听晚嘅。	餐厅：不好意思，今晚满了，你可以预订明晚的。
子维：咁夸张啊？好啦，唔该晒。	子维：这么夸张啊？好吧，谢谢你。

对话三　预订成功

子维：唔该，帮我预订听晚嘅一个包房啊。	子维：麻烦帮我预订明晚的一个包间。
餐厅：请问先生几位？几点到呢？	餐厅：请问先生几位？几点到呢？
子维：我哋 8 个人，七点度到。	子维：我们 8 个人，7 点左右到。
餐厅：好嘅，已经帮你留位嘅嘞，位置最迟保留到七点三个字。	餐厅：好的，已经帮你留位了，位置最迟保留到 7 点 15 分。

2 点菜

1 常用单句 Track 5-16

1 请问你哋[1]点咗餐未啊？
请问你们点餐了吗？

2 而家[2]点得单未呢？
现在能点餐了吗？

3 你哋嘅特色菜係乜嘢啊？
你们的特色菜是什么啊？

4 要份叉烧饭啦。
要份叉烧饭吧。

5 今日例汤[3]係乜嘢啊？
今天例汤是什么啊？

6 有冇[4]萝卜牛腩啊？
有没有萝卜牛腩啊？

7 有乜嘢茶啊？
有什么茶？

8 唔该[5]上快啲[6]。
麻烦上菜快点。

9 食唔食得[7]辣嘅？
能不能吃辣的？

10 我都得，你睇住点[8]啦。
我都可以，你看着点吧。

词汇

(1) 你哋：你们
(2) 而家：现在
(3) 例汤：每日餐厅推出的一款固定汤品
(4) 有冇：有没有
(5) 唔该：麻烦，劳驾
(6) 快啲：快点
(7) 食唔食得：能不能吃
(8) 睇住点：看着点单

说明

★ 唔该：麻烦，劳驾，谢谢。用在句首时，表示劳驾、麻烦，相当于英文的excuse me。用在句末时表示感谢。如唔该，请问去图书馆点行？（打扰一下，请问去图书馆怎么走？）劳驾你俾杯水我啊唔该。（劳驾你给我一杯水，谢谢。）

2 情景对话

对话一 询问口味

子维：你有冇乜嘢忌口嘅呢？	子维：你有没有什么忌口的？
小林：我都ok嘅，你睇住点啦。	小林：我都可以，你看着点吧。
子维：食唔食得辣嘅？	子维：能不能吃辣？
小林：好啊，我中意食。	小林：好啊，我喜欢吃。

对话二 选择酒水

丽　莎：你哋度有乜嘢饮料啊？	丽　莎：你们这里有什么饮料？
服务员：饮料喺晒呢张酒水单度嘅啦。	服务员：饮料都在这张酒水单上。
丽　莎：噉就要两支王老吉啦，跟住冲多壶普洱茶。	丽　莎：那就要两罐王老吉吧，然后冲壶普洱茶。
服务员：好，请稍等。	服务员：好，请稍等。

对话三 选择甜点

服务员：请问要唔要嚟份甜品呢？	服务员：请问要不要来份甜品呢？
丽　莎：好，要份浓情朱古力。	丽　莎：好，要份浓情巧克力。
服务员：餐后上定係随时上？	服务员：餐后上还是随时上？
丽　莎：餐后上啊，唔该。	丽　莎：餐后上吧，谢谢。

3 评价饭菜

1 常用单句

Track 5-17

1 呢间餐厅嘅菜好好[1]食。
这家餐厅的菜很好吃。

2 我觉得呢个汤好靓。
我觉得这款汤很好喝。

3 你觉得呢份叉烧点嘛[2]?
你觉得这份叉烧怎么样?

4 好啱[3]我胃口啊。
很合我胃口啊。

5 呢个豉油鸡咸得滞。
这个酱油鸡太咸了。

6 出品好唔正宗。
出品很不正宗。

7 呢间[4]餐厅烧鹅好正[5]。
这家餐厅烧鹅很正宗。

8 包你食过翻寻味啊。
保证你吃过还想再来吃啊。

9 平时排晒队啊，评价好好。
平时都排长队的，评价很好。

10 佢好奄尖[6]啊。
他很挑剔啊。

词汇

(1) 好好：很好
(2) 点嘛：怎么样
(3) 啱：合适
(4) 呢间：这家
(5) 正：赞，正宗
(6) 奄尖：挑剔

说明

★ 好靓：通常“靓”是指外表很美、好看。在这里是指菜或汤的味道很好。有时也指东西的品质好。如呢啲青菜好靓啊。(这些青菜很新鲜啊。)这里的“靓”指品质好，可引申为新鲜等意。

★ 翻：回来

★ 得滞：程度副词，接在形容词后面，相当于普通话的“太……”。如热得滞(太热了)。

★ 呢间：这间。间是企事业、学校的量词。如你喺边间学校读书？（你在哪所学校读书？）/你喺边间公司上班？（你在哪家公司上班？）

2 情景对话

对话一　好吃

粤语	普通话
子维：哇，呢个白切鸡好正啊。	子维：哇，这个白切鸡好赞啊。
丽莎：係咧？包你食过翻寻味啊。	丽莎：是吧？包你吃过还想吃。
子维：唔怪得排晒队啦。	子维：怪不得排长队呢。
丽莎：啲一阵要唔要打包份走啊？	丽莎：那一会儿要不要打包一份带走？

对话二　不好吃

粤语	普通话
家明：好难食啊，你睇份蒸鱼都过晒火。	家明：好难吃啊，你看这份蒸鱼都蒸老了。
小林：係咯，呢份咸鱼茄瓜煲都唔好食。	小林：是啊，这个咸鱼茄瓜煲也不好吃。
家明：以后唔会再嚟呢间食饭嘞。	家明：以后不会再来这家吃饭了。

对话三　喝酒

粤语	普通话
家明：你想饮鸡尾酒定係其他啊？	家明：你想喝鸡尾酒还是其他啊？
子维：不如要支洋酒啦？	子维：不如要一瓶洋酒啊？
家明：又得喔，啲睇下酒水单啦。	家明：也可以，那看下酒水单吧。

4 结账

1 常用单句

Track 5-18

1 请问可唔可以[1]埋单先呢？
请问可以先买单吗？

2 我嚟[2]埋单啦。
我来买单吧。

3 唔该[3]去收银台埋单啦。
麻烦去收银台买单。

4 我哋 AA 啦。
我们 AA 吧。

5 唔该帮我打包啦。
麻烦帮我打包吧。

6 呢度要收 15% 嘅服务费。
这里要收 15% 的服务费。

7 埋单跟住[4]帮我打包呢啲啦。
买单，然后帮我把这些打包。

8 打包盒一文[5]一个。
打包盒 1 元一个。

9 现金定係[6]碌卡[7]呢？
现金还是刷卡？

10 今次我嚟，下次先至[8]你啦。
这次我来，下次才到你啦。

词汇

(1) 可唔可以：可不可以，能不能
(2) 嚟：来
(3) 唔该：麻烦，劳驾
(4) 跟住：接着，然后
(5) 文：钱的量词，相当于“元”
(6) 定係：还是
(7) 碌卡：刷卡
(8) 先至：才。“至”可以省略

说明

★ 定係：还是。用在选择疑问句中。如你要食呢个定係食嗰个？（你要吃这个还是那个？）

2 情景对话

对话一 请客

子维：唔该，埋单。

家明：我嚟啦。

子维：唔好唔好，今次我嚟，下次先至你啦。

家明：好，下次请你去食广州酒家。

子维：麻烦，买单。

家明：我来吧。

子维：不不不，这次我来，下次你再请吧。

家明：好，下次请你去广州酒家吃。

对话二 AA 制

子维：我哋听晚聚餐咯？约埋小林、小敏佢哋。

家明：好啊，人多热闹啲，大家 AA 都会方便啲。

子维：係咯，呢种方式都好嘅。

家明：噉我哋群里便问下佢哋先啦。

子维：我们明晚聚餐吧？约上小林、小敏他们。

家明：好啊，人多热闹，大家 AA 也会方便点。

子维：对啊，这种方式也好。

家明：那我们群里先问下他们吧。

对话三 买单

子　维：唔该，帮我打包啦，跟住埋单。

服务员：好嘅，先生我哋打包盒一文一个。

子　维：好，冇问题。

服务员：唔该，总共消费咗一百八十六文，係现金定係碌卡呢？

子　维：麻烦帮我打包吧，然后埋单。

服务员：好的，先生，我们的打包盒 1 元一个。

子　维：好，没问题。

服务员：谢谢，总共消费了 186 元，是现金还是刷卡呢？

五 消费购物

1 百货商场

1 常用单句 Track 5-19

1 请问有乜嘢可以帮到你？
请问有什么可以帮你的？

2 小姐係想买点样[1]嘅风格嘅衫[2]呢？
小姐是想买什么风格的衣服呢？

3 我觉得呢条裙应该会啱[3]你。
我觉得这条裙子应该会适合你。

4 唔好意思[4]，呢条裙就得[5]呢个颜色。
不好意思，这条裙子就只有这个颜色。

5 有冇[6]衬[7]呢条裙嘅高踭鞋[8]呢？
有没有适合这条裙子的高跟鞋呢？

6 我唔中意呢个款式。
我不喜欢这个款式。

7 请问可唔可以试着[9]啊？
请问可不可以试穿啊？

8 有冇折扣呢？
有没有折扣？

9 几多钱(几钱)？
多少钱？

10 我谂[10]下先。
我先考虑下。

词汇

(1) 点样：怎么样
(2) 衫：衣服
(3) 啱：适合
(4) 唔好意思：不好意思
(5) 得：只有
(6) 有冇：有没有
(7) 衬：合适，般配
(8) 高踭鞋：高跟鞋
(9) 试着：试穿
(10) 谂：考虑，思考

2 情景对话

对话一 挑领带

粤语	普通话
售货员：请问小姐，有乜嘢可以帮到你？	售货员：请问小姐，有什么可以帮你的？
小　敏：唔该，我想买领呔送俾男朋友，请你帮我推荐下。	小　敏：麻烦你，我想买领带送给男朋友，请你帮我推荐下。
售货员：好啊，呢啲都係我哋新到的款式，你睇下。	售货员：好的，这些都是我们新到的款式，你看下。
小　敏：这条几好睇，几钱啊？	小　敏：这条挺不错的，多少钱啊？

对话二 试穿

粤语	普通话
小　敏：请问可唔可以试着啊？	小　敏：请问可以试穿吗？
售货员：可以，请问小姐要试边对呢？	售货员：可以，请问小姐要试哪双呢？
小　敏：嗰对高踭鞋，要36码。	小　敏：那双高跟鞋，要36码。
售货员：唔好意思，呢对36码卖晒嘞。	售货员：不好意思，这双36码卖完了。

对话三 付款

粤语	普通话
小　林：好啦，就呢对啦，边度埋单？	小　林：好吧，就这双吧，哪里付款？
售货员：我写张单俾你去前便收银台就得嘞。	售货员：我写张单给你去前面的收银台就可以了。
小　林：好，帮我包装靓啲啦。	小　林：好，帮我包装好看点。
售货员：好嘅，欢迎下次光临。	售货员：好的，欢迎下次光临。

2 农贸市场

1 常用单句 Track 5-20

1 想要买啲乜嘢呢？
想要买点什么呢？

2 买啲青菜啦，好新鲜嘅。
买点青菜吧，很新鲜的。

3 仲要[1]啲乜嘢呢？
还要些什么呢？

4 太多嘞，少啲啦。
太多了，少一些。

5 啲鱼点[2]卖啊？
这些鱼怎么卖啊？

6 今日豆腐卖晒[3]啦。
今天豆腐卖完了。

7 呢啲[4]番茄几钱一斤啊？
这些番茄多少钱一斤啊？

8 有冇[5]西兰花啊？
有没有西兰花啊？

9 我冇咁多散纸[6]赎[7]俾你。
我没有这么多零钱找给你。

10 多谢帮衬[8]。
谢谢惠顾。

词汇

(1) 仲要：还要
(2) 点：怎么样
(3) 晒：完全，全部
(4) 呢啲：这些
(5) 有冇：有没有
(6) 散纸：零钱
(7) 赎：找(钱)
(8) 帮衬：光顾，捧场

2 情景对话

对话一 买花

丽莎：有冇玫瑰花啊?	丽莎：有没有玫瑰花啊?
花店：有啊，有红、白、香槟、粉红色嘅，你要边种?	花店：有啊，有红、白、香槟、粉红色的，你要哪种?
丽莎：价钱係点?	丽莎：价钱是怎么样的?
花店：10文一支。你係送人定係自己插?	花店：10元一支。你是送人还是自己插的?
丽莎：我自己屋企插嘅，噉红、白各要一支啦。	丽莎：我自己家里插的，那就红、白各一支吧。

对话二 买肉

小敏：老细，啲排骨点卖啊?	小敏：老板，这些排骨怎么卖啊?
肉贩：呢啲靓啲28文一斤，呢啲就23文一斤。	肉贩：这些好点的28元一斤，这些就23元一斤。
小敏：噉要靓嘅呢种啦，要一斤。	小敏：那要好一点的，要一斤。

对话三 找钱

小林：总共係29文，俾你100文。	小林：总共是29元，给你100元。
老细：有冇散纸啊? 我冇咁多散纸赎俾你啊。	老板：有没有零钱啊? 我没有这么多零钱找给你啊。
小林：唔紧要啦，你俾我70就得嘞。	小林：没关系，你给我70元就好了。
老细：你真係好人嘞，多谢帮衬。	老板：你人真好，谢谢光顾。

3 自助消费

1 常用单句 Track 5-21

1 我哋[(1)]去新开业嘅商场行下[(2)]咯？
我们去新开业的商场逛下吧？

2 我要去超市买啲嘢[(3)]。
我要去超市买点东西。

3 间超市太大嘞，揾嘢[(4)]都麻烦。
这超市太大了，找东西都麻烦。

4 你知唔知点用收银机自助埋单啊？
你知不知道怎么使用收银机自助结账啊？

5 而家[(5)]兴[(6)]网上买嘢嘞。
现在流行网上买东西了。

6 你可以通过支付宝埋单。
你可以通过支付宝结账。

7 食自助餐你要自己为自己服务。
吃自助餐你要自己为自己服务。

8 自助洗衣店好闷[(7)]啊。
自助洗衣店好无趣啊。

9 呢台饮料自主售货机坏咗嘞。
这台饮料自主售货机坏了。

10 嗰度[(8)]有个投币式嘅电话。
那里有个投币式的电话。

词汇

(1) 我哋：我们
(2) 行下：逛下
(3) 嘢：东西
(4) 揾嘢：找东西
(5) 而家：现在
(6) 兴：流行
(7) 闷：无聊，无趣
(8) 嗰度：那里

说明

★ 行：一般的行走。如行快啲。(走快点。)这里指逛街。

★ 间：企事业单位的量词。语法上与普通话不一样。普通话中，量词可以省略，粤语则是指示代词可以省略，量词不能省。例如“呢本书係我嘅。”可以表达为：本书係我嘅。(这本书是我的。)

2 情景对话

对话一 自助支付

子维：家明，你知唔知点使用收银机自助埋单啊？	子维：家明，你知不知道怎么使用收银机自助买单啊？
家明：知啊，好似咁扫描条形码就得嘞。	家明：知道啊，就像这样扫描条形码就可以了。
子维：哦，咁简单啊？	子维：哦，这么简单啊？
家明：係啊，方便好多啊。	家明：是啊，很方便的。

对话二 网上购物

小林：点解你日日都有快件嘅？	小林：为什么你天天都有快递呢？
小敏：因为我网上买嘢咯。	小敏：因为我在网上买东西啰。
小林：网上买嘢点俾钱啊？	小林：网上买东西怎么付钱啊？
小敏：我用支付宝。	小敏：我用支付宝。

对话三 自助洗衣

丽莎：呢附近有冇自助洗衣店啊？	丽莎：这里附近有没有自助洗衣店啊？
李娜：有啊，喺我哋小区后门出去嗰度。	李娜：有啊，在我们小区后门出去那里。
丽莎：噉收费係点㗎？	丽莎：收费是怎么样的？
李娜：唔係好清楚啊，你得闲去睇下。	李娜：不是很清楚啊，你有空去看下。

六 电话交流

1 工作电话

1 常用单句 Track 5-22

1 你好，呢度[(1)]係上善武公司。
你好，这里是上善武公司。

2 你好，我係自来水公司嘅王豪。
你好，我是自来水公司的王豪。

3 请问呢度係唔係[(2)] lisa 粤语啊？
请问这里是不是 lisa 粤语啊？

4 请问王总喺唔喺度[(3)]啊？
请问王总在吗？

5 请问你搵[(4)]边位[(5)]？
请问你找哪位？

6 咪住[(6)]，等等先。
慢着，先等等。

7 有人电话搵你。
有人电话找你。

8 我等阵[(7)]再打过嚟[(8)]。
我等会儿再打过来。

9 佢几时[(9)]得闲[(10)]呢？
他什么时候有空呢？

10 唔好意思，佢开紧会。
不好意思，他在开会。

词汇

(1) 呢度：这里

(2) 係唔係：是不是

(3) 喺唔喺度：在不在

(4) 搵：找

(5) 边位：哪位

(6) 咪住：等等，慢着

(7) 等阵：等会儿

(8) 嚟：来

(9) 几时：什么时候

(10) 得闲：有空

说明

★ 等等先：先等等。此处在语法上与普通话不同。“先”跟在动词后面。

★ 紧：跟在动词后面，表示该动作正在进行。如我食紧饭。（我正在吃饭。）

2 情景对话

对话一 通话成功

粤语	普通话
家明：唔该，我揾子维听电话。	家明：麻烦你，我找子维听电话。
子维：我就係嘞，你係唔係家明啊？	子维：我就是，你是不是家明啊？
家明：係啊，我呢几日都揾你唔到，你搞边科啊？	家明：是啊，我这几天都找不到你，你搞什么啊？
子维：呢几日出差啊，手机又跌咗……	子维：这几天出差啊，手机又丢了……

对话二 转接电话

粤语	普通话
前台：你好，呢度係上善武，有乜嘢可以帮到你？	前台：你好，这里是上善武，有什么可以帮你呢？
丽莎：你好，我揾李总，麻烦你帮我转接去佢办公室啦。	丽莎：你好，我找李总，麻烦你帮我转接到他办公室。
前台：好，你稍等，而家为你转接。	前台：好，你稍等，现在为你转接。
丽莎：好，唔该。	丽莎：好，谢谢。

对话三 对方不在

粤语	普通话
小林：你好，请问家明喺唔喺度啊？	小林：你好，请问家明在吗？
小敏：唔好意思，佢出咗去，请问你係唔係急事呢？如果可以嘅话，请你留低你嘅信息，佢翻嚟叫佢打俾你。	小敏：不好意思，他出去了，请问你有急事吗？如果可以的话，请你留下你的信息，他回来让他打给你。
小林：唔该你，唔係急事，我迟啲再打过嚟啦。	小林：谢谢，不是急事，我晚点再打过来吧。

2 家庭电话

1 常用单句 Track 5-23

1 请问係唔係[1]子维屋企[2]呢?

请问是不是子维家?

2 丽莎喺唔喺度[3]啊?

丽莎在吗?

3 唔好意思，佢出咗去嘞。

不好意思，他出去了。

4 佢手机号码係几多[4]?

他手机号码是多少?

5 我係嘞，请问你边位?

我就是，请问你是哪位?

6 请问你揾佢乜嘢事呢?

请问你找他有什么事吗?

7 你等阵[5]，我去叫佢。

你等会儿，我去叫他。

8 请你冇收线[6]住。

请你先别挂电话。

9 我啱先[7]同我妈妈通电话。

我刚才和我妈妈通电话了。

10 係咁啦[8]，听日[9]见。

就这样，明天见。

词汇

(1) 係唔係：是不是

(2) 屋企：家里

(3) 喺唔喺度：在不在

(4) 几多：多少

(5) 等阵：等会儿

(6) 收线：挂电话

(7) 啱先：刚才

(8) 係咁啦：就这样啦

(9) 听日：明天

说明

★ 冇：是“唔好”的连音。

★ 住：表示暂时性动作。如借住100文俾我先。（先借我100元。）

2 情景对话

对话一 接通电话

子维：喂，请问小敏喺唔喺度啊？

小敏：我就係嘞，请问你边位？

子维：我係子维，想约你听日下昼去图书馆，唔知你得唔得闲？

小敏：好啊，我得闲，噉我哋听日下昼两点见啦。

子维：喂，请问小敏在吗？

小敏：我就是，请问你是哪位？

子维：我是子维，我想约你明天下午去图书馆，不知道你有时间吗？

小敏：好啊，我有空，那我们明天下午2点图书馆见吧。

对话二 对方不在

家明：你好，唔该揾小林听电话啊。

保姆：唔好意思，佢唔喺屋企。如果你有急事，你打佢手机啦。

家明：唔好意思，佢手机号码係几多？

保姆：唔该你登记下，1367783××××

家明：你好，麻烦让小林听电话。

保姆：不好意思，她不在家，如果你有急事，你打她手机吧。

家明：不好意思，她手机号码是多少？

保姆：麻烦你记一下，1367783××××

对话三 电话占线

小敏：卒之打通嘞。

小林：乜嘢事啊？小敏？

小敏：你嘅电话一直打唔入啊。都打咗快成个钟嘞。

小林：哦，唔好意思啊，我啱先同我妈妈通电话。

小敏：终于打通了。

小林：什么事啊？小敏？

小敏：你的电话一直打不进啊。都打了快一个小时了。

小林：哦，不好意思啊，我刚才和我妈妈打电话了。

3 留言

1 常用单句 Track 5-24

1 帮我留言俾[(1)]佢啊，唔该[(2)]！
替我留言给他，谢谢！

2 佢唔喺度[(3)]，你可以留言俾佢。
他不在，你可以留言给他。

3 请佢复翻电话俾我。
请他回电话给我。

4 请留低[(4)]你嘅信息。
请留下你的信息。

5 係乜嘢事呢？
是什么事情呢？

6 我记低[(5)]嘞。
我记下了。

7 麻烦你话[(6)]俾佢知我揾佢。
麻烦你告诉他我找他。

8 叫佢尽快复电话俾我。
让他尽快给我回电话。

9 请你转告佢知，会议取消嘞。
请你转告他，会议取消了。

10 佢一翻嚟[(7)]我就通知佢。
他一回来我就通知他。

词汇

(1) 俾：给
(2) 唔该：谢谢
(3) 唔喺度：不在这里
(4) 留低：留下
(5) 低：下
(6) 话：作动词“说”。此句是“告诉”的意思。
(7) 一翻嚟：一回来

说明

★ 翻：跟在动词后表示通过动作使某事、物恢复到原来的状态。如执翻好啲嘢。(把东西收拾好。)这里表示本来东西就是在原位，后来弄乱了，再恢复原位。

★ 留低：留下。跟在动词后面的“下”都变为“低”。如坐低。(坐下。)

2 情景对话

对话一 拜托留言

小林：请问我可唔可以留言俾佢呢？	小林：请问我可以留言给他吗？
前台：可以。	前台：可以。
小林：噉麻烦你话俾佢知我揾佢，我叫小林。	小林：那麻烦你告诉他我找他，我叫小林。
前台：好嘅，我记低嘞。	前台：好的，我记下了。

对话二 留下信息

李娜：唔好意思，佢唔喺度，你可以留低你嘅信息，等佢翻嚟我就话俾佢知。	李娜：不好意思，他不在，你可以留下你的信息，等他回来我就告诉他。
家明：好啊，噉麻烦你记低，1367783××××，家明。	家明：好的，那麻烦你记一下，1367783××××，家明。
李娜：好嘅，我已经记低嘞，佢一翻嚟我就话俾佢知嘅嘞。	李娜：好的，我已经记下了，他一回来我就告诉他。
家明：好嘅，唔该晒你。	家明：好的，谢谢你。

对话三 找人

子维：你好，我有急事揾家明。	子维：你好，我有急事找家明。
保姆：唔好意思，佢今日都冇翻嚟。请问你係乜嘢急事呢？	保姆：不好意思，他今天没有回来。请问你有什么急事呢？
子维：公司有事揾佢，如果佢翻嚟请你叫佢嚟公司一趟。	子维：公司找他有事，如果他回来请你让他来公司一趟。

4 通话不畅

1 常用单句 Track 5-25

1 你一定係打错电话嘞。
你一定是打错电话了。

2 呢度冇呢个人。
这里没有这个人。

3 你所拨打嘅电话唔喺(1)服务区。
你所拨打的电话不在服务区。

4 唔好意思，呢度係住家(2)。
不好意思，这里是住宅电话。

5 点解(3)我手机打唔出去呢？
为什么我的手机打不出去呢？

6 我听唔清楚你讲乜嘢(4)。
我听不清楚你说什么。

7 呢度信号唔好。
这里信号不好。

8 你可唔可以讲大声啲(5)呢？
你可以讲大声点吗？

9 我电话坏咗，你讲乜嘢我都听唔到。
我电话坏了，你讲什么我都听不到。

10 乜嘢话？我听唔清楚，迟啲打翻俾你啦。
说什么？我听不清楚，晚点打给你吧。

词汇

(1) 唔喺：不在

(2) 住家：住宅

(3) 点解：为什么

(4) 乜嘢：什么

(5) 啲：点，些

说明

★ 乜嘢话：说什么。

★ 打翻俾你：回拨给你。

2　情景对话

对话一　打错电话

粤语	普通话
子维：你好，我揾李娜。	子维：你好，我找李娜。
对方：唔好意思，你打错电话嘞。	对方：不好意思，你打错电话了。
子维：呢个号码唔係 5290904 吗?	子维：这个号码不是 5290904 吗?
对方：係，但係呢度冇李娜呢个人。	对方：是，但是这里没有李娜这个人。

对话二　电话故障

粤语	普通话
丽莎：喂！喂！都未讲完就冇声嘞。	丽莎：喂！喂！还没有说完就没有声音了。
小林：呢排电话都有呢啲问题，要揾人嚟修先至得。	小林：这段时间电话是有这些问题，要找人来修才行。
丽莎：係咯，快啲揾人嚟。	丽莎：是的，快点找人来修。

对话三　信号干扰

粤语	普通话
小敏：我听日临时出差，唔去揾你住。	小敏：我明天临时出差，先不去找你。
小林：乜嘢话？我听唔清楚。	小林：什么？我听不清楚。
小敏：我话我听日临时出差，唔去揾你住啊。	小敏：我说我明天临时出差，先不去找你。
小林：信号唔好，我都係听唔清楚，我迟啲打俾你啦。	小林：信号不好，我还是听不清楚，我等一会儿打给你吧。

七 出行事宜

1 问路

1 常用单句 Track 5-26

1 请问图书馆点行[1]啊？
请问图书馆怎么走啊？

2 要行几耐[2]呢？
要走多久呢？

3 如果坐巴士要几耐？
如果坐巴士要多久？

4 噉[3]有冇巴士可以去到啊？
那有巴士可以到吗？

5 唔係荡失路[4]嘛？
不是迷路了吧？

6 你沿住呢条路直行就睇[5]到嘞。
你沿着这条路直走就看到了。

7 你要过咗前便嘅[6]红绿灯先[7]係[8]。
你要过了前面的红绿灯才是。

8 嗰间[9]银行喺右手边。
那家银行在右手边。

9 呢条路行到笃[10]，一屈[11]就到嘞。
这条路走到头，一拐弯就到了。

10 行路 15 分钟度[12]啦。
走路 15 分钟左右吧。

词汇

(1) 点行：怎么走
(2) 几耐：多久
(3) 咁：那么
(4) 荡失路：迷路
(5) 睇：看
(6) 前便：前面
(7) 先：才
(8) 係：是
(9) 嗰间：那家
(10) 笃：终点，尽头
(11) 屈：拐弯
(12) 度：大概，左右

说明

★ 嗰间：那家。“间”是表示企事业单位、学校的量词。如你喺边间公司上班？（你在哪家公司上班？）你喺边间学校读书？（你在哪所学校读书？）

2 情景对话

对话一 问路成功

粤语	普通话
丽莎：唔该，我想问下去南方大厦点行啊？	丽莎：请问，我想问下去南方大厦怎么走啊？
路人：你沿住呢条路直行，过咗红绿灯就到嘞。	路人：你沿着这条路直走，过了红绿灯就到了。
丽莎：好，真係唔该晒你嘞。	丽莎：好，真是谢谢你了。
路人：唔使客气。	路人：不用客气。

对话二 问路失败

粤语	普通话
小敏：唔该，我想问下去南方报社点行？	小敏：请问，我想问下去南方报社怎么走？
路人：唔好意思，我对呢度唔熟，你去问交警啦。	路人：不好意思，我对这里不熟，你去问交警吧。
小敏：好，唔该晒。	小敏：好，谢谢。

对话三 方向错误

粤语	普通话
子维：点解越行越觉得唔啱呢？	子维：为什么越走越觉得不对呢？
家明：唔係荡失路嘛？快啲揾人问下。	家明：不会迷路吧？快点找人问下。
子维：请问我哋要去越秀公园，係唔係呢个方向啊？	子维：请问我们要去越秀公园，是不是这个方向啊？
路人：噉你哋行错咗方向嘞，越秀公园离呢度好远啊。	路人：那你们就走错方向了，越秀公园离这里好远呢。

2 市内出行

1 常用单句

Track 5-27

1 有冇[1] 地铁直达啊?
有没有地铁直达啊?

2 巴士坐几多号车呢?
巴士坐几路车呢?

3 行路[2] 去好近嘅啦。
走路去很近的啦。

4 地铁要喺[3] 珠江新城转线。
地铁要在珠江新城转线。

5 巴士可以直达，比较方便。
巴士可以直达，比较方便。

6 上落班[4] 时间就会逼[5]。
上下班时间就会拥挤。

7 而家[6] 高峰期好[7] 塞车。
现在高峰期很堵车。

8 15 路车经过嗰度[8] 嘅。
15 路车经过那里的。

9 打车嘅话就起步价。
打车的话就是起步价。

10 建议你行路去仲好。
建议你走路去更好。

词汇：

(1) 有冇：有没有
(2) 行路：走路
(3) 喺：在
(4) 上落班：上下班
(5) 逼：拥挤
(6) 而家：现在
(7) 好：很
(8) 嗰度：那里

2　情景对话

对话一　乘公交车

家明：请问去广州塔坐几号车去呢?	家明：请问去广州塔坐几路车呢?
路人：坐 3 号或者 28 号车都得。	路人：坐 3 路或者 28 路都可以。
家明：噉去边度可以坐啊?	家明：那去哪边坐呢?
路人：嗱，前面嗰个站就有 3 路车坐啦。	路人：喏，前面那个站就可以坐 3 路车了。

对话二　乘坐地铁

李娜：我哋去广州火车站坐几号线啊?	李娜：我们去广州火车站坐几号线啊?
子维：我哋坐 3 号线去珠江新城站再转 2 号线就得了。	子维：坐 3 号线到珠江新城站再转 2 号线就可以了。
李娜：哦，噉要坐几耐啊？票价係几多呢?	李娜：哦，那要坐多久啊？票价是多少呢?
子维：应该 8 个字度啦，票价要 7 文。	子维：应该 40 分钟左右，票价要 7 元。

对话三　乘计程车

丽莎：唔该去白云机场。	丽莎：麻烦去白云机场。
司机：好，我将你嘅行李放后备箱啦。	司机：好，我把你的行李放在后备箱吧。
(40 分钟后)	(40 分钟后)
司机：到了，总共 200 文。	司机：到了，一共 200 元。
丽莎：嗱，俾钱你，唔该你。	丽莎：喏，给你钱，谢谢你。

3 坐火车

1 常用单句 Track 5-28

1 我要预订一张去上海嘅火车票。
我要预订一张去上海的火车票。

2 单程票就得[(1)]嘞。
单程票就可以了。

3 听日[(2)]最早嗰[(3)]班係[(4)]几点?
明天最早那班是几点?

4 学生证有冇[(5)]折扣呢?
学生证有没有折扣呢?

5 我要取网上预订嘅票。
我要取网上预订的票。

6 自动取票机会快啲[(6)]。
自动取票机会快点。

7 卧铺嘅票係连埋一齐[(7)]嘅，得唔得?
卧铺票是连在一起的，可以吗?

8 你要订几时[(8)]嘅呢?
你要订什么时候的呢?

9 火车係后日[(9)]下昼[(10)]3 点开。
火车是后天下午 3 点出发。

10 而家[(11)]都冇票嘞。
现在都没有票了。

词汇

(1) 得：可以，行
(2) 听日：明天
(3) 嗰：那
(4) 係：是
(5) 有冇：有没有
(6) 快啲：快点，快些
(7) 连埋一齐：连在一起
(8) 几时：什么时候
(9) 后日：后天
(10) 下昼：下午
(11) 而家：现在

2 情景对话

对话一 买车票

学　生：我要一张去香港嘅往返车票。

售票员：唔好意思，我哋提前7日售票。

学　生：噉10月20号有冇票？

售票员：有，要几张？

学　生：我要一张去香港的往返车票。

售票员：不好意思，我们提前7天售票。

学　生：那10月20号有票吗？

售票员：有，要几张？

对话二 选卧铺

学　生：有冇二等卧铺嘅票啊？

售票员：有，要几张？

学　生：要两张，有冇连埋一齐嘅？

售票员：有，上下铺，得唔得？

学　生：有没有二等卧铺的车票？

售票员：有，要几张？

学　生：要两张，有没有连在一起的？

售票员：有，上下铺，行不行？

对话三 学生票

学　生：请问我有学生证有冇优惠？

售票员：有，全日制学生有半价优惠。

学　生：呢个係我嘅学生证，我要一张听日去广州嘅车票。

学　生：请问我有学生证，有没有优惠？

售票员：有，全日制学生有半价优惠。

学　生：这是我的学生证，我要一张明天去广州的车票。

4 乘坐飞机

1 常用单句 Track 5-29

1 要经济舱嘅。
要经济舱的。

2 而家得[(1)]头等舱嘞。
现在只有头等舱了。

3 订好嘅票边度[(2)]攞[(3)]？
订好的票哪里拿？

4 我都係[(4)]网上订机票多咯。
我还是多在网上订机票。

5 请提前 45 分钟到机场。
请提前 45 分钟到机场。

6 呢啲嘢[(5)]要打包好先可以托运。
这些东西要打包好才可以托运。

7 身上有金属类嘅嘢过唔到安检嘅。
身上有金属类的东西过不了安检的。

8 喺[(6)]12 号登机口。
在 12 号登机口。

9 飞机准备起飞，请绑[(7)]好安全带。
飞机准备起飞，请系好安全带。

10 请关闭所有电子设备。
请关闭所有电子设备。

词汇

(1) 得：只有
(2) 边度：哪里
(3) 攞：拿
(4) 係：是
(5) 呢啲嘢：这些东西
(6) 喺：在
(7) 绑：系

2 情景对话

对话一 托运行李

服务员：呢啲嘢要打包好先可以托运。

乘　客：好，噉全部托运有冇超重？

服务员：超出两公斤。或者你可以带啲上飞机。

乘　客：算嘞，我都係交超重费啦。

服务员：这些东西要打包好才可以托运。

乘　客：好，那全部托运有没有超重？

服务员：超出两公斤。或者你可以带些上飞机。

乘　客：算了，我还是交超重费吧。

对话二 过安检

安检员：手机电脑放喺呢个盒。……身上有乜嘢金属类嘅嘢？

乘　客：哦哦，係锁匙。

安检员：好，可以过嘞。

安检员：手机、电脑放在这个盒子里。……身上有什么金属类的东西？

乘　客：哦哦，是钥匙。

安检员：好，可以过了。

对话三 登机

乘客：我想问我嘅位喺边度？

空乘：我睇下你嘅登机牌。你嘅座位係 28 排 G 座，靠窗嗰个，呢边请。

乘客：好，唔该晒。

乘客：我想问下我的位置在哪里？

空乘：我看下你的登机牌。你的座位是 28 排 G 座，靠窗那个，这边请。

乘客：好，谢谢你。

八 旅游度假

1 去海边

1 常用单句 Track 5-30

1 我哋[1]下个星期出发。
我们下个星期出发。

2 我而家[2]都等唔彻[3]要出发嘞。
我现在都等不及要出发了。

3 而家开始执[4]行李。
现在开始收拾行李。

4 我哋去玩半个月度[5]。
我们去玩半个月左右。

5 佢[6]想去冲浪。
他想去冲浪。

6 我要去潜水。
我要去潜水。

7 我哋唔[7]跟团去。
我们不跟团去。

8 我哋自由行好玩啲。
我们自由行好玩点。

9 可以去旅行社咨询下。
可以去旅行社咨询下。

10 我哋去海边度蜜月。
我们去海边度蜜月。

词汇

(1) 我哋：我们
(2) 而家：现在
(3) 等唔彻：等不及
(4) 执：收拾，整理
(5) 度：大概，左右
(6) 佢：他
(7) 唔：不

说明

★ 执：收拾，整理。也有“拣”的意思。如执起身。（捡起来。）执贝壳。（捡贝壳。）

2 情景对话

对话一　准备出行

小敏：我而家都等唔彻要出发嘞。	小敏：我现在都等不及要出发了。
小林：你哋夏威夷玩几日啊？	小林：你们去夏威夷玩几天啊？
小敏：半个月度。我行李提前三日就执好嘞。	小敏：半个月左右。我行李提前 3 天就收拾好了。
小林：做好防晒啊。	小林：做好防晒啊。

对话二　在沙滩上

子维：我哋去游水，好唔好？	子维：我们去游泳，好不好？
小敏：我都係中意喺沙滩上晒太阳。	小敏：我还是喜欢在沙滩上晒太阳。
子维：佢哋呢？	子维：他们呢？
小敏：去执贝壳嘞。	小敏：去捡贝壳了。

对话三　咨询旅行社

子　维：请问呢度有冇比较好的一日团游？	子　维：请问这里有没有比较好的一日游？
旅行社：有，我可以推荐俾你，一日游包括嘅景点有……	旅行社：有，我可以推荐给你，一日游包括的景点有……
子　维：好，多谢你。	子　维：好，谢谢你。

2 在户外

1 常用单句 Track 5-31

1 呢个[1]星期日我哋[2]去露营咯？
这个周日我们去露营吧？

2 冬天我中意[3]滑雪。
冬天我喜欢滑雪。

3 我哋一齐[4]去野餐。
我们一起去野餐。

4 朝早[5]去山顶睇日出。
早上去山顶看日出。

5 我唔[6]敢攀岩。
我不敢攀岩。

6 呢个时候啱[7]去漂流啊。
这个时候适合漂流。

7 我应该带点样[8]嘅[9]衫[10]呢？
我应该带什么样的衣服呢？

8 露营嘅话我得，唔知佢哋点呢？
露营的话我可以，不知道他们怎么样呢？

9 防蚊虫嘅药水准备好未？
防蚊虫的药水准备好了吗？

10 我想去海边兜风。
我想去海边兜风。

词汇

(1) 呢个：这个
(2) 我哋：我们
(3) 中意：喜欢
(4) 一齐：一起
(5) 朝早：早上
(6) 唔：不
(7) 啱：适合
(8) 点样：怎么样
(9) 嘅：的
(10) 衫：衣服

2 情景对话

对话一 爬山

子维：我哋星期六去爬山咯？	子维：我们周六去爬山吧？
家明：好啊，约埋小敏佢哋。	家明：好啊，约上小敏他们。
子维：要唔要露营啊？反正第二日又唔使翻工。	子维：要不要露营啊？反正第二天又不用上班。
家明：我就 ok，唔知小敏佢哋点啫。	家明：我是没有问题，不知道小敏他们怎么样啊。

对话二 采摘水果

丽莎：星期六日我哋去边度玩好呢？	丽莎：这周末我们去哪里玩好呢？
李娜：我点知，我对周边都唔熟。	李娜：我怎么知道，我对周边都不熟悉。
小林：不如去摘葡萄啊，而家係葡萄时节。	小林：不如去采摘葡萄吧，现在是葡萄时节。
丽莎：好啊好啊，我最中意食葡萄嘞。	丽莎：好啊好啊，我最喜欢吃葡萄了。

对话三 露营

小敏：第一次嚟山上露营。感觉好好啊！	小敏：第一次来山上露营，感觉真好啊！
小林：我都係第一次嚟感受，呢个时节嚟好凉爽。	小林：我也是第一次感受，这个时候来很凉快。
家明：以后多啲带你哋出嚟，朝早带你哋睇日出。	家明：以后多叫你们出来，早上带你们看日出。
小敏：好嘢！	小敏：好啊！

3 环游世界

1 常用单句 Track 5-32

1 我好开心[1]可以出国玩。
我很高兴可以出国玩。

2 我好珍惜呢次[2]去英国嘅机会。
我很珍惜这次去英国的机会。

3 环游世界可以体验唔同[3]国家嘅文化。
环游世界可以体验不同国家的文化。

4 我需要申办护照同埋[4]签证。
我需要申办护照还有签证。

5 签证下个月到期。
签证下个月到期。

6 佢[5]考虑紧美国留学。
他正在考虑去美国留学。

7 好多亚洲人移民去咗西方国家。
很多亚洲人移民去了西方国家。

8 坐火车旅游係唔错[6]嘅选择。
坐火车旅游是不错的选择。

9 想环游世界就开始努力揾钱[7]跟住[8]学好英文就真[9]。
想环游世界，开始努力挣钱和学好英语才是真的。

10 我旧年[10]喺欧洲旅游靠嘅就係搭便车嘞。
我去年在欧洲旅游靠的就是搭便车。

词汇

(1) 好开心：很高兴
(2) 呢次：这次
(3) 唔同：不同
(4) 同埋：和
(5) 佢：他
(6) 唔错：不错
(7) 揾钱：赚钱
(8) 跟住：接着，然后
(9) 就真：才是重要的事情
(10) 旧年：去年

说明

★ 好开心：很高兴。粤语表达喜悦之情时多用“开心”。

★ 紧：跟在动词后表示正在进行。如食紧饭。（正在吃饭。）

2 情景对话

对话一 愿望

丽莎：你有乜嘢愿望啊?

李娜：中大奖跟住就环游世界!

丽莎：唔现实。我话你想环游世界就开始努力揾钱跟住学好英文就真。

李娜：噉你有乜嘢愿望啊?

丽莎：你有什么愿望啊?

李娜：中大奖然后就环游世界!

丽莎：不现实。要我说想环游世界就开始努力赚钱然后学好英文才是。

李娜：那你有什么愿望啊?

对话二 搭便车

丽莎：我旧年喺欧洲旅游靠嘅就係搭便车嘞。

小林：咁好? 俾啲攻略我啊。以后有机会我去就方便嘞。

丽莎：冇问题。不过首先你嘅英文要够好。

丽莎：我去年在欧洲旅游靠的就是搭便车。

小林：这么好?给我点攻略啊，以后有机会我去就方便了。

丽莎：没问题。不过首先你的英文要好。

对话三 代购

小敏：你喺度做乜野啊?

丽莎：计划呢几日嘅时间，要揾日去帮亲戚朋友买嘢。

小敏：好夸张啊，如果唔得嘅话我哋可以直接机场免税店买。

丽莎：又係喔，我睇下点安排行程先。

小敏：你在干嘛啊?

丽莎：计划这几天的时间，要找个时间去帮亲戚朋友买东西。

小敏：好夸张啊，如果不行的话我们可以直接在机场免税店买。

丽莎：也行哦，我先看下怎么安排行程。

九 宾馆住宿

1 预订

1 常用单句 Track 5-33

1 呢间[1]係五星级酒店。
这家是五星级酒店。

2 你哋而家有乜嘢房?
你们现在有什么房间?

3 我想订一间后日[2]嘅大床房。
我想订一间后天的大床房。

4 我想要一间海景房。
我想要一间海景房。

5 要视野好啲，冇[3]靠近电梯嘅。
要视野好点，不要靠近电梯的。

6 我唔要最尾[4]嗰间[5]房。
我不要最后那个房间。

7 我要取消后日嘅订房。
我要取消后天的预订。

8 请问你住几日[6]呢?
请问你住几天呢?

9 请问你哋要唔要[7]续住呢?
请问你们要不要续住呢?

10 唔好意思[8]，我哋已经冇房嘞。
不好意思，我们已经没有房了。

词汇

(1) 呢间：这家

(2) 后日：后天

(3) 冇：不要

(4) 最尾：最后

(5) 嗰间：那间

(6) 几日：几天

(7) 要唔要：要不要

(8) 唔好意思：不好意思

说明

★ 冇：不要，别。是“唔好”的连音简写。也有“没有”的意思。如我冇去旅游。(我没有去旅游。)

2 情景对话

对话一 预订房间

丽莎：唔该，我想预订下个礼拜三嘅大床房。

前台：唔好意思，暂时 full 晒嘞，双人房就有，请问需唔需要呢?

丽莎：噉好啦，请帮我预订。

前台：好，噉请你到时晚黑 6 点前嚟前台办理入住手续。

丽莎：麻烦，我想预订下星期三的大床房。

前台：不好意思，暂时满了，现在有双人房，请问需要吗?

丽莎：那好吧，请帮我预订。

前台：好，那请你到时晚上 6 点前来前台办理入住手续。

对话二 选择房间

子维：你哋而家有乜嘢房?

前台：大床房、标间、豪华套房都有。

子维：噉要一间大床房，视野好啲，唔好靠近电梯嘅啦。

前台：好，请出示你嘅证件。

子维：你们现在有什么房?

前台：大床房、标间、豪华套房都有。

子维：那要一间大床房，视野好一点，不要靠近电梯的。

前台：好，请出示你的证件。

对话三 换房间

小敏：唔该，我想换房，呢间房嘅冷气有问题。

总台：请问小姐你嘅房号係几多呢?

小敏：8016，请你尽快帮我解决。

总台：好嘅稍等。小姐，噉你哋换去 3028 啦。你哋直接去 3028 就得嘞，喺 3 楼。

小敏：麻烦你，我想换房间，这间房的空调有问题。

总台：请问小姐你的房间号是多少呢?

小敏：8016，请你尽快帮我解决。

总台：好的，稍等。小姐，那你们换到 3028 吧。你们直接去 3028 就可以了，在 3 楼。

2 入住

1 常用单句 Track 5-34

1 我预约咗(1) 今晚嘅房。

我预订了今晚的房。

2 呢张(2) 係(3) 押金单。

这张是押金单。

3 你间房喺(4) 3 楼，呢张係房咭。

你的房间在 3 楼，这张是房卡。

4 早餐时间係 7 点到 10 点半。

早餐时间是 7 点到 10 点半。

5 唔好意思，我唔记得咗带早餐券落嚟(5) 嘞。

不好意思，我忘了带早餐券了。

6 等我上去攞落嚟(6)。

等我上去拿下来。

7 我哋有送餐服务。

我们有送餐服务。

8 使唔使开通房内嘅长途电话?

需要开通房内的长途电话吗?

9 唔该(7) 帮我打扫下间房。

麻烦帮我打扫一下房间。

10 祝你入住愉快，早唞(8)！

祝你入住愉快，晚安！

词汇

(1) 咗：了

(2) 呢张：这张

(3) 係：是

(4) 喺：在

(5) 落嚟：下来

(6) 攞落嚟：拿下来

(7) 唔该：麻烦，劳驾

(8) 早唞：晚安

说明

★ 咗：了。跟在动词后表示动作完成。如食咗饭。(吃了饭。)

★ 间：房间的量词。

★ 早唞：晚安。“唞”是休息，“早唞”字面意思是早点休息，用于晚上就是“晚安”。

2 情景对话

对话一 使用餐厅

服务员：你好，请出示你嘅早餐券。

小　敏：唔好意思，我唔记得咗带落嚟嘞，报房号俾你得唔得？

服务员：唔好意思，我哋要早餐券先可以用餐，不过我哋可以帮你上去攞落嚟。

小　敏：好，唔该晒，房号係3028，早餐券放喺电视柜上便。

服务员：你好，请出示你的早餐券。

小　敏：不好意思，我忘记带下来了，报房间号给你可以吗？

服务员：不好意思，我们有早餐券才可以用餐，不过我们可以帮你上去拿下来。

小　敏：好的，谢谢，房间号是3028，早餐券放在电视柜上面。

对话二 洗衣服务

小敏：你好，我需要洗烫服务。

前台：好嘅，你将要洗嘅衫裤放喺洗衣袋里便，我哋一阵会有服务员去攞嘅嘞。

小敏：好嘅，唔该晒！

小敏：你好，我需要洗烫服务。

前台：好的，你将需要洗的衣服裤子放在洗衣袋里面，我们一会儿会有服务员去拿的。

小敏：好的，谢谢！

对话三 网络服务

子维：请问有冇网络啊？

前台：有啊，账号係我哋酒店嘅名，密码係你间房号。

子维：试咗一下连接失败，可唔可以搵人上嚟帮我整下呢？

前台：好，请稍等。

子维：请问有没有网络啊？

前台：有的，账号是我们酒店名，密码是房间号。

子维：试了一下连接失败，可不可以找人上来帮我弄一下？

前台：好的，请稍等。

3 退房

1 常用单句 Track 5-35

1 请问你哋仲[1]要唔要[2]续住呢?
请问你们还需要续住吗?

2 我哋係 12 点钟之前退房。
我们是 12 点之前退房。

3 唔该[3]，我要退房。
麻烦你，我要退房。

4 我仲要续住一晚。
我还要续住一晚。

5 呢张[4]係我嘅押金单。
这张是我的押金条。

6 请收好你嘅押金。
请收好你的押金。

7 小姐，你有一抽[5]锁匙[6]遗留喺[7]间房。
小姐，你有一串钥匙遗留在房间了。

8 我需要人嚟[8]帮我攞[9]行李落去[10]。
我需要有人来帮我把行李拿下去。

9 可唔可以[11]帮我叫部车啊?
可不可以帮我叫辆车呢?

10 欢迎下次光临！再见！
欢迎下次光临！再见！

词汇

(1) 仲：还
(2) 要唔要：要不要
(3) 唔该：麻烦你
(4) 呢张：这张
(5) 一抽：一串
(6) 锁匙：钥匙
(7) 喺：在
(8) 嚟：来
(9) 攞：拿
(10) 落去：下去
(11) 可唔可以：能不能，可不可以

说明

★ 间房：“房间”粤语说“房”，前面的“间”是房间的量词，粤语中量词不可以省略。

2 情景对话

对话一 退房

粤语	普通话
小敏：请问退房时间係几点？	小敏：请问退房时间是几点？
前台：中午12点。	前台：中午12点。
小敏：我係会员，可唔可以延迟到两点呢？	小敏：我是会员，可不可以延迟到两点呢？
前台：唔好意思，因为而家入住高峰期，所以唔可以延迟退房。	前台：不好意思，因为现在是入住高峰期，所以不可以延迟退房。

对话二 结账

粤语	普通话
前台：你而家就要退房吗？	前台：你现在就要退房吗？
小敏：係啊，我要赶火车。	小敏：是的，我要赶火车。
前台：退翻俾你押金，同埋你消费咗196文。	前台：退给你押金，还有你总共消费了196元。
小敏：俾你200文，唔使找嘞。	小敏：给你200元，不用找了。

对话三 叫车

粤语	普通话
小敏：唔该，呢度有冇叫车服务啊？	小敏：麻烦你，这里有没有叫车服务啊？
前台：有，请问小姐去边度呢？	前台：有的，请问小姐去哪里？
小敏：去白云机场。	小敏：去白云机场。
前台：车将会喺5分钟度到达，请你稍等。	前台：车将会在5分钟左右到达，请你稍等。
小敏：好，唔该。	小敏：好，谢谢。

十 医院看病

1 预约

1 常用单句 Track 5-36

1 我约咗王医生嘅嘞。
我约了王医生。

2 请帮我预约星期四下昼(1)李医生。
请帮我预约星期四下午的李医生。

3 唔好意思，李医生星期四预约满晒嘞喔(2)。
不好意思，据说李医生星期四预约满了。

4 呢个星期得听朝(3) 9 点得闲(4)。
这周只有明天早上 9 点有空。

5 噉(5)就帮我预约听朝 9 点啦。
那就帮我预约明天早上 9 点吧。

6 可唔可以(6)帮我改时间?
能不能帮我改时间?

7 将预约推迟到下个星期三啦。
把预约推迟到下周三吧。

8 我係第一次嚟你哋医院。
我是第一次来你们医院。

9 已经帮你预约好嘞，请你听日准时嚟。
已经帮你预约好了，请你明天准时来。

10 我顶唔住(7)啦。即刻约医生俾我啊。
我扛不住了，马上约个医生给我。

词汇：

(1) 下昼：下午
(2) 涡：语气词，哦
(3) 听朝：明天早上
(4) 得闲：有空闲
(5) 噉：那么
(6) 可唔可以：可不可以，能不能
(7) 顶唔住：扛不住。另一个口语中常用的表达“顶唔顺”，表示“受不了”。

说明：

★ 喔：句末语气词，可表转述。如佢话有事嚟唔到涡。(他说有事来不了了。)这里表示轻微感叹，相当于普通话中的“哦”。

★ 咗：了。跟在动词后表示完成。

★ 将：把。粤语没有把字句，用“将”代替。如帮我将嗰本书攞俾我。(帮忙把那本书递给我。)

2 情景对话

对话一 预约医生

小敏：帮我预约后日妇科嘅李医生啊唔该。

前台：唔好意思，后日李医生预约满晒嘞喔，呢个星期得翻听日下昼两点有时间。

小敏：咁嘛……好嘞，就听日下昼两点啦。

前台：好嘅，已经预约好嘞，祝你生活愉快！

小敏：帮我预约后天妇科的李医生，谢谢。

前台：不好意思，李医生后天预约满了，这周就只有明天下午两点有时间。

小敏：这样啊……好吧，那就明天下午两点吧。

前台：好的，已经预约好了，祝你生活愉快！

对话二 无预约急诊

小林：快啲叫医生嚟啊。我顶唔住啦。

护士：你稍等，我即刻去叫医生嚟。

医生：你嘅情况係急性胃炎。先帮你止住痛，跟住挂盐水同埋开啲药俾你。

小林：好，多谢医生！

小林：快点叫医生来啊，我受不了啦。

护士：你稍等，我马上去叫医生来。

医生：你的情况是急性胃炎。先帮你止痛，然后打点滴和开些药给你。

小林：好，谢谢医生！

对话三 预约整形

李娜：你好，我想预约整形。

秘书：小姐，请问你想预约边方面嘅整形呢？

李娜：祛除眼袋。

秘书：明白了，你可以星期五过嚟。

李娜：你好，我想预约整形。

秘书：小姐，请问你想预约哪方面的整形呢？

李娜：祛除眼袋。

秘书：明白了，你可以周五过来。

2 就诊

1 常用单句

Track 5-37

1 你边度[1]唔舒服呢？
你哪里不舒服？

2 肚好痛，绞住[2]痛。
肚子痛，绞着痛。

3 你只[3]脚做乜野？
你的脚怎么了？

4 我发烧嘞，头痛得犀利[4]。
我发烧了，头痛得厉害。

5 琴晚[5]我屙肚[6]屙咗成晚。
昨晚我拉肚子拉了一晚上。

6 我日头[7]唔咳，晚黑[8]就咳到瞓唔着[9]。
我白天不咳，晚上就咳到睡不着。

7 你係唔係食咗污糟嘢[10]？
你是不是吃了不干净的食物？

8 你对乜嘢过敏？
你对什么过敏？

9 你有咽喉炎，唔好食烟[11]同埋[12]饮酒[13]。
你有咽喉炎，不要抽烟、喝酒。

10 唔紧要，我开啲[14]药俾你，食晒[15]翻嚟[16]复诊。
我开点药给你，吃完回来复诊。

词汇：

(1) 边度：哪里
(2) 绞住：绞着
(3) 只：量词
(4) 犀利：厉害
(5) 琴晚：昨晚
(6) 屙肚：拉肚子
(7) 日头：白天
(8) 晚黑：晚上
(9) 瞓唔着：睡不着
(10) 污糟嘢：脏东西
(11) 食烟：抽烟
(12) 同埋：和，跟
(13) 饮酒：喝酒
(14) 开啲：开点
(15) 食晒：吃完
(16) 翻嚟：回来

说明：

★ 唔好：不好，别。表示禁止或建议，可连音为“冇”。

★ 同埋：和，跟。“埋”表示向前、靠拢。如等埋我。（等等我。）

2 情景对话

对话一 感冒

子维：你鼻音好重喔，係唔係感冒啦？

小敏：係啊，琴晚冷气开得太低。瞓醒就感冒嘞。

子维：如果难受，不如请假翻去啦。

小敏：嗯，准备提前走去买啲药食。

子维：你鼻音好重哦，是不是感冒啦？

小敏：是啊，昨晚空调开得太低。睡醒就感冒了。

子维：如果难受，不如请假回去吧。

小敏：嗯，准备提前走去买点药吃。

对话二 失眠

丽莎：哇，乜你睇落冇晒精神嘅？

小林：琴晚成晚冇瞓。

丽莎：啊？点解啊？失眠啊？係唔係饮咗咖啡啊？

小林：唔係啊，呢排工作压力大，成日瞓唔好。

丽莎：哇，你怎么看上去没有精神啊？

小林：昨晚整晚没睡。

丽莎：啊？为什么呀？失眠啊？是不是喝了咖啡啊？

小林：不是，这段时间工作压力大，老是睡不好。

对话三 拉肚子

小林：我琴晚屙咗成晚，好辛苦啊。

医生：你琴日食咗乜嘢？有冇呕？

小林：冇特别食乜嘢，就正常食饭。啊，我谂起嘞，我食咗炒田螺。唔呕就得屙啫。

医生：你只係肠胃比较敏感屙肚啫，唔紧要，开啲药食就得嘞。

小林：我昨晚拉了一晚上，好难受啊。

医生：你昨天吃了什么？有没有呕吐？

小林：没有特别吃什么。就正常吃饭。啊，我想起来了，我吃了炒田螺。不吐，就是拉肚子而已。

医生：你是肠胃比较敏感引起的拉肚子，没大碍，开点药吃就可以了。

3 在药店

1 常用单句

Track 5-38

1 俾[1]支碘酒我，唔该。
给我一瓶碘酒，谢谢。

2 我想买啲感冒药。
我想买点感冒药。

3 咳嗽食乜嘢[2]药比较好呢？
咳嗽吃什么药比较好呢？

4 咳嗽仲有[3]痰，啱[4]食[5]边种[6]药呢？
咳嗽还有痰，适合吃哪种药呢？

5 你稍等，我睇下张单再执[7]俾你。
你稍等，我看下这张单子再给你抓药。

6 呢种[8]药要空肚食。
这种药要空腹吃。

7 我对抗生素过敏嘅。
我对抗生素过敏。

8 风湿膏，边种好啲呢？
风湿膏，哪种比较好呢？

9 我喺药店买紧[9]药啊。
我正在药店买药呢。

10 请遵医嘱服药。
请遵医嘱服药。

词汇

(1) 俾：给
(2) 乜嘢：什么
(3) 仲有：还有
(4) 啱：适合
(5) 食：吃
(6) 边种：哪种
(7) 执：抓，捡
(8) 呢种：这种
(9) 紧：表动作正在进行。

说明

★ 俾支碘酒我：给我一瓶碘酒。粤语在表达给……(受者)……(给予物)时，常用俾 +(形容词)给予物 + 受者。

★ 睇下张单：看一下那张单子。粤语语句中，指示代词“呢”(这)“嗰”(那)可以省略。

2 情景对话

对话一 买创可贴

小　林：唔该，我买止血贴。

药剂师：我推荐你买呢种，防水嘅。

小　林：好啦，噉就呢种啦。

小　林：你好，我买创可贴。

药剂师：我推荐你买这种，防水的。

小　林：好的，那就这种吧。

对话二 按处方配药

小　敏：唔该，可唔可以帮我按照呢个处方配药？

药剂师：我睇下张单。呢啲药都有，你稍等，我执俾你。

小　敏：好，唔该晒！

药剂师：执好嘞，祝你早日康复。

小　敏：你好，可不可以帮我按照这个处方配药？

药剂师：给我看下处方。这些药都有，你稍等，我给你抓药。

小　敏：好，谢谢你！

药剂师：抓好了，祝你早日康复。

对话三 用法用量

老　人：唔好意思，我睇唔清楚，帮我睇下用法用量。

药剂师：一日两次，一次两粒，饭后食。

老　人：好，唔该晒。

药剂师：唔紧要，祝你早日康复。

老　人：不好意思，我看不清楚，帮我看下用法用量。

药剂师：一日2次，一次2粒，饭后服用。

老　人：好，谢谢。

药剂师：没事，祝你早日康复。

4 谈论健康

1 常用单句 Track 5-39

1 呢排[1]晚晚都瞓唔好，唔知乜嘢原因。

这段时间每晚都睡不好，不知什么原因。

2 我而家[2]比较注重养生。

我现在比较注重养生。

3 水果同蔬菜要食多啲[3]。

水果和蔬菜要多吃点。

4 早瞓[4]早起身体好。

早睡早起身体好。

5 千祈[5]唔好[6]捱夜[7]。

千万不要熬夜。

6 饮酒同食烟都有害健康。

喝酒和抽烟都有害健康。

7 佢係一个素食主义者。

他是一个素食主义者。

8 你面色[8]好差，唔係病咗嘛？

你脸色好差，不是病了吧？

10 医生话，朝早[9]食好，晏昼[10]食饱，晚黑[11]食少。

医生说，早上吃好，中午吃饱，晚上吃少。

词汇

(1) 呢排：这段时间

(2) 而家：现在

(3) 食多啲：多吃点

(4) 早瞓：早睡

(5) 千祈：千万

(6) 唔好：不要，别

(7) 捱夜：熬夜

(8) 面色：脸色

(9) 朝早：早上

(10) 晏昼：中午

(11) 晚黑：晚上

说明

★ 食多啲：多吃点。在粤语中，动词在前，补充修饰成分在其后。如讲多一句。（多讲一句。）

★ 面色：脸色。粤语中，“脸”都作“面”。如，你嘅面点解肿咗？（你的脸为什么肿了？）

2 情景对话

对话一 减肥

小敏：咦？你瘦咗喔，你係用乜嘢方法减落嚟嘅？	小敏：咦？你瘦了耶，你是用什么方法减下来的？
小林：运动同埋晚黑唔食饭，苹果代替。	小林：运动，还有晚上不吃饭，用苹果代替。
小敏：噉咪好肚饿咯？顶得顺？	小敏：那不是会很饿啰？受得了？
小林：为咗靓，顶硬上。	小林：为了美，不行也得行。

对话二 瑜伽

小敏：今晚一齐去食饭咯？	小敏：今晚一起去吃饭吧？
小林：我唔得闲啊，要去上瑜伽课。	小林：我没空啊，要去上瑜伽课。
小敏：点解突然学瑜伽？	小敏：为什么突然学瑜伽？
小林：因为我要减肥咯。	小林：因为我要减肥啊。

对话三 亚健康

子维：呢排晚晚都瞓唔好，唔知乜嘢原因。	子维：最近每晚都睡不好，不知道什么原因。
家明：应该係亚健康，而家上班族几乎每个都有。	家明：应该是亚健康，现在上班族几乎每个人都有。
子维：噉点算啊？	子维：那怎么办？
家明：多啲运动咯。	家明：多做运动啰。

十一 邮局邮寄

1 邮寄信件

1 常用单句 Track 5-40

1 你要寄去边度[(1)]？
你要寄到哪里？

2 寄信去伦敦要几耐[(2)]啊？
寄信到伦敦要多久啊？

3 你係[(3)]寄平信定係[(4)]挂号信？
你是寄平信还是挂号信？

4 寄挂号信去香港几钱[(5)]啊？
寄挂号信到香港多少钱啊？

5 寄信去巴黎，邮票几钱？
寄信去巴黎，邮票多少钱？

6 寄明信片同[(6)]寄信价钱一样嘛？
寄明信片和寄信价格一样吗？

7 放上去称下。
放上去称一下。

8 你嘅[(7)]信超重 50 克。
你的信超重 50 克。

9 邮票一文[(8)]一张。
邮票 1 元一张。

10 俾[(9)]个信封同两张邮票我。
给我一个信封和两张邮票。

词汇

(1) 边度：哪里
(2) 几耐：多久
(3) 係：是
(4) 定係：还是
(5) 几钱：多少钱
(6) 同：和，跟
(7) 嘅：的
(8) 文：元
(9) 俾：给

2 情景对话

对话一 寄达时间

子维：寄去美国嘅信要几耐啊?	子维：寄去美国的信要多久啊?
职员：正常一个月度。	职员：正常一个月左右。
子维：有冇快啲嘅呢?	子维：有没有快点的呢?
职员：有，航空信件。	职员：有，航空信件。

对话二 信件超重

丽莎：请问，寄航空信件点收费啊?	丽莎：请问，寄航空信件怎么收费啊?
职员：首重 20 克收费 20 文。你放上去称下。	职员：首重 20 克收费 20 元。你放上去称一下。
丽莎：实唔超重，得几张纸。	丽莎：肯定不超重，就几张纸。
职员：唔好意思，超重咗，你仲要俾 8 文。	职员：不好意思，超重了，你还要给 8 元。

对话三 本埠外埠

李娜：有两个唔同信件嘅邮筒，我应该放入边个呢?	李娜：有两个不同信件的邮筒，我应该放入哪个呢?
丽莎：我睇下，寄去国内嘅应该放入绿色嘅邮筒，寄去国外嘅就放去红色嘅邮筒。	丽莎：我看下，寄去国内的应该放入绿色的邮筒，寄去国外的就放入红色的邮筒。
李娜：哦，知道嘞，唔该。	李娜：哦，知道了，谢谢。

2 邮寄包裹

1 常用单句

Track 5-41

1 我要去邮局寄包裹。
我要去邮局寄包裹。

2 呢度(1)办理寄包裹业务嘛？
这里办理寄包裹业务吗？

3 我要寄呢个嘢(2)去北京。
我要寄这个东西到北京。

4 邮费点计(3)啊？
邮费怎么算啊？

5 你要寄乜嘢(4)？
你要寄什么？

6 里边係(5)衫(6)同埋(7)食物。
里面是衣服和食物。

7 要用我哋(8)嘅(9)纸箱嚟(10)打包先得(11)。
要用我们的纸箱打包才行。

8 可唔可以(12)送货上门？
可不可以送货上门？

9 我要寄最快嘅嗰种(13)。
我要寄最快的那种。

10 我哋收费係三文(14)一公斤。
我们收费是3元一公斤。

词汇

(1) 呢度：这里
(2) 呢个嘢：这个东西
(3) 点计：怎么算
(4) 乜嘢：什么
(5) 係：是
(6) 衫：衣服
(7) 同埋：和，跟
(8) 我哋：我们
(9) 嘅：的
(10) 嚟：来
(11) 先得：才行
(12) 可唔可以：可不可以，能不能
(13) 嗰种：那种
(14) 文：元

说明

★ 同埋：和，跟。“埋”是“靠拢、向前”的意思。

2 情景对话

对话一 违禁物品

职员：你寄嘅係乜嘢？寄去边度？

丽莎：我寄化妆品，寄去广州。

职员：唔好意思，呢啲液体嘅我哋唔可以寄。

丽莎：行陆运都唔可以咩？

职员：係，因为属于危险物品。

职员：你寄的是什么东西？寄到哪里？

丽莎：我寄化妆品，寄到广州。

职员：不好意思，这些是液体，我们不能寄。

丽莎：走陆运也不行吗？

职员：是的，因为属于危险物品。

对话二 邮寄方式

丽莎：我想寄呢个包裹去伦敦。

职员：你係想行海运定係空运呢？

丽莎：边个快啲呢？

职员：空运快啲。

丽莎：我想寄这个包裹到伦敦。

职员：你是想走海运还是空运呢？

丽莎：哪个快点呢？

职员：空运快点。

对话三 包裹超重

职员：唔好意思，小姐你嘅包裹超重两公斤。

丽莎：噉我仲要俾几多钱啊？

职员：仲要补200文。

丽莎：好，顺便问下，我呢个包裹寄去伦敦要几耐啊？

职员：正常一个月度啦。

职员：不好意思，小姐你的包裹超重两公斤。

丽莎：那我还要给多少钱啊？

职员：还要补200元。

丽莎：好，顺便问下，我这个包裹寄到伦敦要多久啊？

职员：正常一个月左右。

十二 银行业务

1 开户

1 常用单句 Track 5-42

1 我想开个账户。
我想开个账户。

2 开户要唔要[1]收费啊？
开户收不收费啊？

3 你想开边种[2]账户？
你想开哪种账户？

4 你想开活期定係[3]定期账户？
你想开活期还是定期账户？

5 我唔知[4]呢[5]张单点[6]填。
我不知道这张单怎么填。

6 请你设定密码。
请你设定密码。

7 开户要存至少十文喺[7]里便[8]。
开户至少要存10元在里面。

8 我想办张银联咭，得唔得[9]？
我想办张银联卡，行吗？

9 我想存钱。
我想存钱。

10 银行上昼[10]8点半翻工，下昼[11]5点落班。
银行上午8点半上班，下午5点下班。

词汇

(1) 要唔要：要不要
(2) 边种：哪种
(3) 定係：还是
(4) 唔知：不知道
(5) 呢：这
(6) 点：怎么样
(7) 喺：在
(8) 里便：里面
(9) 得唔得：行不行
(10) 上昼：上午
(11) 下昼：下午

说明

★ 定係：还是。用在选择疑问句中，如你要食呢个定係食嗰个？（你要吃这个还是那个？）

2 情景对话

对话一 营业时间

子维：我听朝要去银行一趟，都唔知几点开门。

小敏：听日係星期三，正常时间 8 点半就开嘞。

子维：哦，你咁清楚嘅？

小敏：因为我男朋友喺银行翻工咯。

子维：我明天早上要去银行一趟，也不知道几点开门。

小敏：明天是星期三，正常 8 点半就开了。

子维：哦，你怎么这么清楚？

小敏：因为我男朋友在银行上班啊。

对话二 开户

李娜：我要开户。

柜员：请问係想存定期定係活期呢？

李娜：活期。呢张单咁填得唔得？

柜员：得嘞。要唔要银行卡？

李娜：我要开户。

柜员：请问是想存定期还是活期呢？

李娜：活期。这张单这样填可以吗？

柜员：可以。要不要银行卡？

对话三 兑换港币

小敏：我想兑换港纸。

柜员：你要兑换几多？

小敏：我兑换 3000 文。

柜员：而家嘅汇率係 0.82，对面额有冇要求？

小敏：冇，都可以。

小敏：我想兑换港币。

柜员：你想兑换多少？

小敏：我兑换 3000 元。

柜员：现在的汇率是 0.82，对面额有没有要求？

小敏：没有，都可以。

2 业务办理

1 常用单句

Track 5-43

1 存钱定係[1]取钱？
存钱还是取钱？

2 你想存几多[2]？
你想存多少？

3 活期存款利率係几多？
活期存款利率是多少？

4 定期存款利率係 7%。
定期存款利率是 7%。

5 你哋[3]可唔可以[4]兑换外币？
你们能兑换外币吗？

6 请问今日兑换港纸汇率係几多？
请问今天兑换港币汇率是多少？

7 汇率喺[5]嗰便[6]嘅[7]电子牌上面显示。
汇率在那边的电子牌上面有显示。

8 我想办信用卡点[8]办理啊？
我想办信用卡，怎么办理啊？

9 个人跨行转账最高手续费係几多？
个人跨行转账最高手续费是多少？

10 请核对下金额啱唔啱[9]。
请核对下金额对不对。

词汇

(1) 係：是
(2) 几多：多少
(3) 你哋：你们
(4) 可唔可以：可不可以
(5) 喺：在
(6) 嗰便：那边
(7) 嘅：的
(8) 点：怎么样
(9) 啱唔啱：对不对

2 情景对话

对话一 自动取款机

子　　维：唔该，我要攞钱，但係ATM机都冇钱喔。

大堂经理：唔好意思，呢台机出咗问题，你可以去嗰台攞。

子　　维：好，唔该。

子　　维：你好，我要取钱，但是ATM机没有钱了。

大堂经理：不好意思，这台机器出了点问题，你可以去那台机器取。

子　　维：好，谢谢。

对话二 存取款

子维：我想存钱，要排几耐啊？

职员：先生，如果你赶时间嘅话嗰便有ATM机，都可以存钱嘅。

子维：好，唔该晒！

子维：我想存钱，要排多久啊？

职员：先生，如果你赶时间的话那边有ATM机，也可以存钱的。

子维：好，谢谢！

对话三 兑换港币

子维：你好，我想兑换港纸。

柜员：请问要兑换几多呢？今日汇率係0.82。

子维：我要兑换3000文。

柜员：兑换呢啲港纸你需要付5%嘅手续费。

子维：你好，我想兑换港币。

柜员：请问要兑换多少呢？今天汇率是0.82。

子维：我要兑换3000元。

柜员：兑换这些港币你需要付5%的手续费。

3 汇款

1 常用单句

Track 5-44

1 跨行汇款点[1]收费啊?
跨行汇款怎么收费啊?

2 汇 2000 文[2]收 10 文。
汇 2000 元收 10 元。

3 汇款要操作几耐[3]啊?
汇款要操作多久啊?

4 你想汇去边度[4]呢?
你想汇到哪里呢？

5 你要汇几多钱[5]?
你要汇多少钱?

6 你有冇[6]汇款银行嘅代码?
你有没有汇款银行的代码?

7 星期日汇唔[7]到款。
星期天不能汇款。

8 如果金额唔多，你可以 ATM 机操作。
如果金额不多，你可以用 ATM 机操作。

9 你哋嘅机一咪[8]维修一咪就冇钱。
你们这台取款机不是维修就是没钱。

10 如果对方係存折都唔可以转账。
如果对方是存折就不能转账。

词汇

(1) 点：怎么样
(2) 文：元
(3) 几耐：多久
(4) 边度：哪里
(5) 几多钱：多少钱
(6) 有冇：有没有
(7) 唔：不
(8) 一咪：要么

2 情景对话

对话一 用ATM 机汇款

职员：先生，如果你只係汇款嘅话，就 ATM 机会快啲。	职员：先生，如果你只是想汇款的话，ATM 机会快点。
子维：我都想啊，但係你哋嘅机一咪维修一咪就冇钱。	子维：我也想啊，但是你们的机器要么维修，要么就没钱。
职员：哦，真係唔好意思，噉请跟我嚟呢便嘞，呢台机可以用。	职员：哦，真是不好意思，那请跟我来这里，这台可以用。
子维：真係太好嘞。	子维：真是太好了。

对话二 填写汇款单

柜员：喺呢度写上收款人嘅名、汇款金额同埋账号。	柜员：在这里写上收款人姓名、汇款金额和账号。
子维：写好嘞。	子维：写好了。
柜员：你嘅汇款已经办理完嘞，请问仲有冇其他业务办理？	柜员：你的汇款已经办理完了，请问还有没有其他业务办理？
子维：冇嘞，唔该晒。	子维：没有了，谢谢。

对话三 汇款确认

工作人员：你好，你汇咗两千文，请你确认一下，签个字。	工作人员：你好，你汇了2000元，请你确认一下，签个字。
子　　维：好，要几耐收得到呢？	子　　维：好，要多久收到呢？
工作人员：已经到账嘞。	工作人员：已经到账了。
子　　维：好快喔，唔该晒！	子　　维：好快啊，谢谢！

十三 工作相关

1 求职面试

1 常用单句 Track 5-45

1 我睇紧[1]报纸嘅[2]广告招聘。
我正在看报纸的广告招聘。

2 呢间[3]报社招聘两个编辑。
这家报社招聘两名编辑。

3 求职面试千祈[4]冇[5]迟到啊。
求职面试千万别迟到啊。

4 你要交一份个人简历。
你要交一份个人简历。

5 从你嘅简历上睇[6]你係[7]新闻媒体专业。
从你的简历上看你是新闻媒体专业。

6 点解[8]你要从原公司跳槽?
为什么你要从原公司跳槽?

7 你有冇[9]从事呢[10]一块嘅工作经验?
你有没有从事这一块的工作经验?

8 你希望人工[11]係几多[12]?
你期望的薪水是多少?

9 大学期间有冇做过兼职?
大学期间有没有做过兼职?

10 恭喜你，你被录取嘞。
恭喜你，你被录取了。

词汇

(1) 睇紧：正在看
(2) 嘅：的
(3) 呢间：这家
(4) 千祈：千万
(5) 冇：没有
(6) 睇：看
(7) 係：是
(8) 点解：为什么
(9) 冇：没有
(10) 呢：这
(11) 人工：薪水
(12) 几多：多少

2 情景对话

对话一 谈论面试

粤语	普通话
小敏：你上次面试嗰间公司点嘛?	小敏：你上次面试那家公司怎么样?
李娜：话一个礼拜之后再俾通知喔。	李娜：说一个礼拜之后再通知呢。
小敏：噉你觉得有冇可能啊?	小敏：那你觉得有没有可能啊?
李娜：面试我就觉得冇乜嘢，但係可能我要求人工高得滞咯。	李娜：面试我觉得没什么，但是可能我要求的薪水太高了。

对话二 参加面试

粤语	普通话
面试官：我想知你点解会从原公司跳槽呢?	面试官：我想知道你为什么会从原公司跳槽?
李　娜：因为离屋企太远，跟住觉得冇乜嘢发展。	李　娜：因为离家太远，然后觉得没什么发展。
面试官：噉你觉得一个业务员最重要嘅质素係乜嘢?	面试官：那你觉得一个业务员最重要的素质是什么?
李　娜：积极向上、唔怕辛苦、乐观嘅态度同埋沟通能力。	李　娜：积极向上、不怕辛苦、乐观的态度和沟通能力。

对话三 讨论薪水

粤语	普通话
人事：你期望嘅人工係几多?	人事：你期望的工资是多少?
李娜：至少 5000 文。	李娜：至少 5000 元。
人事：除咗奖金、社保之外，税前人工係 6000 文。	人事：除了奖金、社保之外，税前工资是 6000 元。
李娜：好，非常多谢。	李娜：好，真的很谢谢。
人事：恭喜你。	人事：恭喜你。

2 租房

1 常用单句

Track 5-46

1 我想喺[1]市区租房。

我想在市区租间房子。

2 我想同[2]人合租。

我想和人合租。

3 两房一厅而家[3]几钱[4]度[5]呢?

两室一厅现在多少钱左右呢?

4 呢间[6]房朝向唔好[7]，冇[8]阳光。

这间房朝向不好，没有阳光。

5 房租係唔係[9]全包。

房租是不是全包。

6 太贵嘞，可唔可以[10]便啲[11]啊?

太贵了，能不能便宜点啊?

7 价钱有冇得少?

价钱能再少点吗?

8 租金押二付一。

租金押二付一。

9 小区环境唔错[12]，就係[13]旧咗[14]啲[15]。

小区环境不错，就是旧了点。

10 可唔可以俾5日时间我搬屋[16]?

可不可以给我5天时间搬家?

词汇：

(1) 喺：在

(2) 同：和，跟

(3) 而家：现在

(4) 几钱：多少钱

(5) 度：大概、左右

(6) 呢间：这间

(7) 唔好：不好

(8) 冇：没有

(9) 係唔係：是不是

(10) 可唔可以：可不可以，能不能

(11) 便啲：便宜点

(12) 唔错：不错

(13) 係：是

(14) 咗：了

(15) 啲：点，些

(16) 搬屋：搬家

2 情景对话

对话一 寻找房屋

小敏：我新工作离呢度好远啊，我要租近公司啲。

小林：你可以网上睇下，或者问下啲朋友啦。

小敏：网上觉得唔靠谱咯，我琴日网上睇啱一间，去睇结果环境好差。

小林：嗯，所以要慢慢搵。

小敏：我新工作离这里好远啊，我要租房，离公司近一点。

小林：你可以网上看一下，或者问一下朋友啊。

小敏：我觉得网上不靠谱，我昨天网上看中一间，去看结果环境好差。

小林：嗯，所以要慢慢找。

对话二 看房

中介：呢个小区离地铁口行路 10 分钟。

小敏：价钱有冇得少？物业管理费点收？

中介：价钱最多便 100 文，水电全包，物业管理费你哋三个人平摊。

小敏：嗯，我考虑下先啦。唔该你。

中介：这个小区离地铁口走路 10 分钟。

小敏：价钱能不能少点？物业管理费怎么收？

中介：价钱最多便宜 100 元，水电全包，物业管理费你们三个人平摊。

小敏：嗯，我先考虑下，谢谢你。

对话三 租房

小敏：可唔可以俾 5 日时间我搬屋？

房东：好，冇问题。你以后交房租直接打入呢个银行卡就得嘞。

小敏：好，我间房嘅衣柜我唔中意，我要求换个。

房东：呢个冇问题，你搬入嚟之前我会换好。

小敏：可不可以给我 5 天时间搬家？

房东：好，没问题。你以后交房租直接打进这个银行卡就可以了。

小敏：好，我不喜欢我房间里的衣柜，要求换一个。

房东：这个没问题，你搬进来之前我会换好。

3 工作

1 常用单句 Track 5-47

1 我哋公司氛围好好。
我们公司氛围很好。

2 啲同事好好相处。
同事们很好相处。

3 同事都好热心帮助我。
同事都很热心地帮助我。

4 子维上礼拜升职嘞。
子维上星期升职了。

5 我后日(1)要去香港出差啊。
我后天要去香港出差呢。

6 呢份(2)工作要成日(3)出差，周日都唔得闲。
这份工作要经常出差，星期天都没空。

7 今晚要加班，唔翻(4)屋企(5)食饭(6)嘞。
今晚要加班，不回家吃饭了。

8 听朝(7)要开会，今晚要准备好多资料。
明天早上要开会，今晚要准备好多资料。

9 部打印机坏咗嘞。
这台打印机坏了。

10 老细(8)揾佢有事，即刻电话通知佢翻嚟(9)。
老板找他有事，马上电话通知他回来。

词汇

(1) 后日：后天
(2) 呢份：这份
(3) 成日：整天
(4) 唔翻：不回
(5) 屋企：家里
(6) 食饭：吃饭
(7) 听朝：明天早上
(8) 老细：老板
(9) 翻嚟：回来

说明

★ 啲：些。在例句 2 中表示复数。

★ 部：打印机的量词。与普通话不同，粤语中，前面的指示代词“这”可以省略。

2 情景对话

对话一 开会

领导：你安排下下个星期一嘅员工会议。	领导：你安排下下周一的员工会议。
秘书：好。我会最快安排好你嘅工作日程，尽力准备好所需。	秘书：好。我会尽快安排好您的工作日程，尽力准备好所需。
领导：好，辛苦嘞。	领导：好，辛苦了。

对话二 加班

领导：今晚所有人都要加班。	领导：今晚所有人都要加班。
秘书：但係有啲员工而家已经收工嘞。	秘书：但是有些员工现在已经下班了。
领导：即刻电话通知翻嚟。	领导：马上打电话通知回来。

对话三 出差

小林：礼拜三晚黑带你去参加活动，得唔得闲?	小林：周三晚上带你去参加活动，有空吗?
小敏：唔得闲啊，我听日要去香港出差。	小敏：没空呢，我明天要去香港出差。
小林：又出差啊? 你呢排经常出差喔。	小林：又出差啊? 你这段时间经常出差啊。
小敏：冇计啦，年底都比较忙啊。	小敏：没办法啦，年底都比较忙。

4 休假与失业

1 常用单句 Track 5-48

1 我病咗，帮我打电话公司请假啦。
我病了，帮我打电话向公司请假吧。

2 我屋企[1]有急事，需要请一个礼拜假翻去[2]。
我家里有急事，需要请一周假回去。

3 佢好少[3]请假。
他很少请假。

4 经理休紧产假。
经理正在休产假。

5 你有几多日年假啊?
你有几天年假啊?

6 我哋公司而家[4]裁员啊。
我们公司现在裁员呢。

7 啲员工都抗议公司裁员。
员工们都抗议公司裁员。

8 我辞职嘞。
我辞职了。

9 我被公司炒鱿鱼[5]嘞。
我被公司炒鱿鱼了。

10 点解好哋哋[6]突然失业嘅?
怎么好端端突然失业了?

词汇

(1) 屋企：家里
(2) 翻去：回去
(3) 好少：很少
(4) 而家：现在
(5) 炒鱿鱼：开除
(6) 好哋哋：好端端

说明

★ 几多日：多少天。
★ 啲：表示复数。

2 情景对话

对话一 病假

小敏：经理，我下昼要请半日假去睇医生。	小敏：经理，我下午要请假半天去看医生。
经理：你身体唔舒服啊？	经理：你身体不舒服啊？
小敏：我牙痛，已经痛咗几日嘞，约咗医生下昼去睇。	小敏：我牙痛，已经痛了好几天，约了医生下午去看。
经理：好，照顾好自己。	经理：好，照顾好自己。

对话二 度假

子维：你有几多日年假啊？	子维：你有几天年假啊？
小林：我有7日啊。	小林：我有7天。
子维：噉你谂住几时休啊？	子维：那你打算什么时候休啊？
小林：谂住连埋国庆休息半个月去西藏玩。	小林：打算连着国庆休息半个月，去西藏玩。

对话三 失业

小敏：我失业嘞，好难过。	小敏：我失业了，好难过。
小林：啊？点解好哋哋咁突然嘅？	小林：啊？为什么好端端的这么突然啊？
小敏：公司裁员，咁又因为我係新嚟嘅就优先炒我咯。	小敏：公司裁员，然后又因为我是新来的就先炒掉我啰。
小林：唔好难过啦，你咁优秀，再揾都好易揾到好嘅。	小林：别难过啦，你这么优秀，再找也很容易找到好的。

十四 休闲娱乐

1 约会

1 常用单句 Track 5-49

1 呢个[(1)]星期六有乜嘢安排啊？
这个星期六有什么安排啊？

2 呢个星期六我想约你去睇[(2)]电影。
这个星期六我想约你去看电影。

3 唔好意思[(3)]，我唔得闲[(4)]啊。
不好意思，我没空啊。

4 后晚我哋可以一齐[(5)]食饭[(6)]。
后天晚上我们可以一起吃饭。

5 我突然要加班，去唔到嘞。
我突然要加班，去不了了。

6 我哋去边度[(7)]玩呢？
我们去哪里玩呢？

7 我想去睇演唱会啊。
我想去看演唱会呢。

8 我有两张音乐会嘅票。
我有两张音乐会的票。

9 要唔要[(8)]一齐去踢波啊？
要不要一起去踢球啊？

10 好，听晚[(9)]不见不散。
好，明晚不见不散。

词汇

(1) 呢个：这个
(2) 睇：看
(3) 唔好意思：不好意思
(4) 唔得闲：没空
(5) 一齐：一起
(6) 食饭：吃饭
(7) 边度：哪里
(8) 要唔要：要不要
(9) 听晚：明天晚上

说明

★ 踢波：踢球。“波”是英文ball的音译。

2　情景对话

对话一　音乐会

家明：你呢个星期六得唔得闲啊?	家明：你这个星期六有空吗?
小敏：好啊，有乜嘢节目啊?	小敏：有啊，有什么安排呀?
家明：我有两张音乐会嘅票，想同你一齐去。	家明：我有两张音乐会的票，想和你一起去。
小敏：好啊，噉到时见啦。	小敏：好啊，那到时见吧。

对话二　看电影

子维：我今晚要去睇电影，唔去聚餐啦。	子维：我今晚要去看电影，不去聚餐啦。
家明：你同女朋友去啊? 睇乜嘢电影啊?	家明：你和女朋友去啊? 看什么电影啊?
子维：新出嘅《变形金刚》，我走啦，拜拜。	子维：新出的《变形金刚》，我走啦，拜拜。
家明：好啦，约会愉快啊。	家明：好吧，约会愉快啊。

对话三　演唱会

小敏：下个月麦当娜嚟中国开演唱会，要唔要一齐啊?	小敏：下个月麦当娜来中国开演唱会，要不要一起看?
小林：好啊好啊，我好中意佢嘅，但係会唔会好难买票啊?	小林：好啊好啊，我好喜欢她的，但是会不会很难买票啊?
小敏：而家应该唔会，我哋网上睇下先。	小敏：现在应该不会，我们网上先看看。
小林：嗯嗯，噉你睇好话俾我知，一齐买啦。	小林：嗯嗯，那你看好告诉我，一起买吧。

2 重要日子

1 常用单句

Track 5-50

1 后日[1]就我生日啦。
后天就是我生日了。

2 下个礼拜係我父母结婚 30 周年。
下个礼拜是我父母结婚30周年纪念日。

3 千祈[2]冇[3]唔[4]记得出席我嘅生日 Party 啊。
千万不要忘记出席我的生日派对啊。

4 真诚邀请你参加我哋嘅婚礼。
真诚邀请你参加我们的婚礼。

5 几时[5]摆酒啊？
什么时候喝你喜酒啊？

6 我哋摆酒嘅日子定落嚟啦。
我们摆喜宴的日子定下来啦。

7 唔好意思，我忘记咗今日係你嘅生日。
不好意思，我忘记了今天是你的生日。

8 今日[6]係个非常重要嘅日子。
今天是个非常重要的日子。

9 前几日学校啱[7]庆祝咗 80 周年庆。
前几天学校才庆祝了 80 周年校庆。

10 啱想同你哋讲，我哋决定听日[8]结婚。
正想和你们说，我们决定明天结婚。

词汇：

(1) 后日：后天

(2) 千祈：千万

(3) 冇：不要，别

(4) 唔：不

(5) 几时：什么时候

(6) 今日：今天

(7) 啱：刚刚

(8) 听日：明天

说明：

★ 摆酒：摆喜酒。

★ 定落嚟：定下来。

2 情景对话

对话一 婚礼

丽莎：你哋摆酒喺几时啊？有冇定落嚟呢？	丽莎：你们什么时候摆喜宴啊？有没有定下来呢？
俞婷：有啊，啱想同你哋讲，呢个係我哋嘅请帖。	俞婷：有啊，正想和你们说，这个是我们的请帖。
丽莎：真係好替你感到开心，恭喜你。	丽莎：真是替你感到高兴，恭喜你。
俞婷：你一定要嚟参加我嘅婚礼啊。	俞婷：你一定要来参加我的婚礼啊。

对话二 庆功宴

小林：真係恭喜晒啊，升职啦。	小林：真是恭喜你啊，升职啦。
丽莎：多谢你，其实真係好开心。	丽莎：谢谢你，其实真的很开心。
小林：呢个项目你花咗太多心血入去，而家你升职加薪係最好嘅回报。	小林：这个项目你花了太多的心血，现在你升职加薪是最好的回报。
丽莎：都算值得，我会继续加油，做到最好。	丽莎：也算值得，我会继续加油，做到最好。

对话三 生日

子维：过几日係我爸爸嘅生日，我要俾佢惊喜。	子维：过几天是我爸爸的生日，我要给他惊喜。
家明：想点俾惊喜法啊？	家明：想怎么给惊喜啊？
子维：上次同佢行街，睇啱一个按摩椅，嫌贵，我谂今次送俾佢咯。	子维：上次和他逛街，看上一把按摩椅，他嫌贵，我打算这次送给他啰。
家明：嗯，呢个好啊，实用。	家明：嗯，这个好啊，实用。

3 运动休闲

1 常用单句

Track 5-51

1 下昼[(1)]你有冇[(2)]兴趣去睇[(3)]电影啊?
下午你有没有兴趣去看电影啊?

2 我想去冲浪。
我想去冲浪。

3 今晚去睇排球赛，点嘛[(4)]?
今晚去看排球赛，怎么样?

4 我中意[(5)]瑜伽，但係[(6)]我唔中意[(7)]跑步。
我喜欢瑜伽，但是我不喜欢跑步。

5 溜冰係[(8)]我最中意嘅运动之一。
溜冰是我最喜欢的运动之一。

6 我中意唱歌，但係我唔中意酒吧。
我喜欢唱歌，但是我不喜欢去酒吧。

7 呢个[(9)]星期六我哋[(10)]去爬山啦?
这个星期六我们去爬山吧?

8 徒步我都[(11)]好中意咯。
徒步我也很喜欢呢。

9 赛马好受香港人中意。
赛马很受香港人喜欢。

10 平时都係[(12)]中意约啲[(13)]朋友饮[(14)]下茶。
平时还是喜欢约些朋友喝喝茶。

词汇

(1) 下昼：下午
(2) 有冇：有没有
(3) 睇：看
(4) 点嘛：怎么样
(5) 中意：喜欢
(6) 但係：但是
(7) 唔中意：不喜欢
(8) 係：是
(9) 呢个：这个
(10) 我哋：我们
(11) 都：也
(12) 都係：也是
(13) 啲：些
(14) 饮：喝

2 情景对话

对话一　体育运动

粤语	普通话
家明：我好中意篮球，你呢？	家明：我好喜欢篮球，你呢？
李娜：我中意好多啊，比如溜冰、排球、羽毛球同埋游水。	李娜：我喜欢好多啊，比如溜冰、排球、羽毛球还有游泳。
家明：游水我都中意，但係未学识。	家明：游泳我也喜欢，但是没学会。
李娜：听日带你去啊，我教你。	李娜：明天带你去吧，我教你。

对话二　运动爱好

粤语	普通话
丽莎：我好想去爬山，好耐冇郁过嘞。	丽莎：我好想去爬山，好久没动过了。
小敏：我就唔中意爬山了，太攰嘞。跟住爬完周身骨痛。	小敏：我就不喜欢爬山，太累了。然后爬完全身都酸痛。
丽莎：噉係因为你冇习惯咯，我开始爬都係咁嘅，后尾一个月去两次就觉得好轻松嘞。	丽莎：那是因为你没有习惯，我开始爬的时候也是这样，后来一个月去两次就觉得很轻松了。
小敏：可能係咯，我都係中意瑜伽多啲。	小敏：可能是吧，我还是喜欢瑜伽多一点。

对话三　唱歌娱乐

粤语	普通话
丽莎：好耐冇去唱歌了，我哋几时约埋啲朋友一齐去 k 下啊？	丽莎：好久没去唱歌了，我们什么时候约上朋友一起去唱歌啊？
小敏：好啊，我都好中意唱歌。	小敏：好啊，我也很喜欢唱歌。
丽莎：不如就今晚？快啲约佢哋，睇下得唔得闲。	丽莎：不如就今晚？快点约他们，看下有没有空。
小敏：好啊，咁啱我今晚又得闲啫。	小敏：好啊，刚好我今晚也有空。

4 业余生活

1 常用单句 Track 5-52

1 平时你唔上班中意做啲[(1)]乜嘢[(2)]呢？
平时你不上班时喜欢做些什么呢？

2 平时你会以乜嘢方式解压呢？
平时你以什么方式纾解压力呢？

3 我中意约啲朋友打波[(3)]咯。
我喜欢约些朋友打球。

4 我一到周末就会去游水[(4)]。
我一到周末就去游泳。

5 去健身房健身，因为日日[(5)]坐办公室需要锻炼。
去健身房健身，因为天天坐办公室需要锻炼。

6 唔上班嘅时候我中意喺屋企[(6)]饮茶[(7)]睇书[(8)]。
不上班的时候我喜欢在家里喝茶看书。

7 有啲人[(9)]就会疯狂购物。
有些人就会疯狂购物。

8 我想利用周末时间去学跳舞。
我想利用周末时间去学跳舞。

9 难得休息，梗係[(10)]瞓足[(11)]一日啦。
难得休息，当然睡足一天啦。

10 我报咗[(12)]兴趣班学习英文。
我报了兴趣班学习英文。

词汇

(1) 啲：些
(2) 乜嘢：什么
(3) 打波：打球
(4) 游水：游泳
(5) 日日：天天
(6) 屋企：家里
(7) 饮茶：喝茶
(8) 睇书：看书
(9) 有啲人：有些人
(10) 梗係：当然
(11) 瞓足：睡足、睡够
(12) 报咗：报了

2 情景对话

对话一 图书馆租书

粤语	普通话
丽　莎：唔该，我想搵《xxx》個本书，请问喺边度?	丽　莎：麻烦你，我想找《xxx》这本书，请问在哪里?
管理员：喺前便右转，第二个书架上便。	管理员：前面右转，第二个书架上面。
丽　莎：噉想租书点操作呢?	丽　莎：那想租书怎么操作呢?
管理员：噉要麻烦你去服务台咨询办理手续啦。	管理员：那要麻烦你去服务台咨询办理手续了。

对话二 学习舞蹈

粤语	普通话
小林：我报咗个舞蹈班学习跳舞，你想唔想去体验下?	小林：我报了个舞蹈班学习跳舞，你想不想去体验下?
丽莎：乜嘢舞蹈啊? 我都想学啊，平时上班太忙，需要运动下。	丽莎：什么舞蹈啊? 我也想学啊，平时上班太忙，需要运动下。
小林：我学嘅係民族舞，落班后一齐去啊?	小林：我学的是民族舞，下班后一起去啊?
丽莎：好啊，噉快啲将啲嘢做完走咯。	丽莎：好啊，那快点把事情做完走吧。

对话三 游泳

粤语	普通话
家明：游水对身体好好，而家好多人颈椎都有问题，就係缺乏锻炼。	家明：游泳对身体很好，现在很多人颈椎都有问题，就是缺乏锻炼。
子维：嗯，我哋成日对住电脑手机，颈椎都唔好，游水係对颈椎康复帮助好大。	子维：嗯，我们整天对着电脑手机，颈椎都不好，游泳对颈椎康复帮助很大。

附录A　粤语字输入法

粤语中大部分使用的是我们熟悉的汉字，也会有少部分的粤语字是在汉字的基础上加上一些偏旁。如果是口语一般会在同音字上加上“口”字旁，动词则加上“提手旁”。一部分只有语音没有字形的字会用普通字中的同音字代替，如：听日 ting[1] yed[6]；或者用音近的字代替，如：琴日 kem[4] yed[6]。香港人输入粤语会使用一些软件，比如仓颉、速成、九方输入法等等。但这些软件较为专业，要经过一些学习，所以我们不懂的朋友可以按照普通话的输入法打字，比如：嘅(gé[3])可以直接输入拼音 ge(电脑版)，如下图。

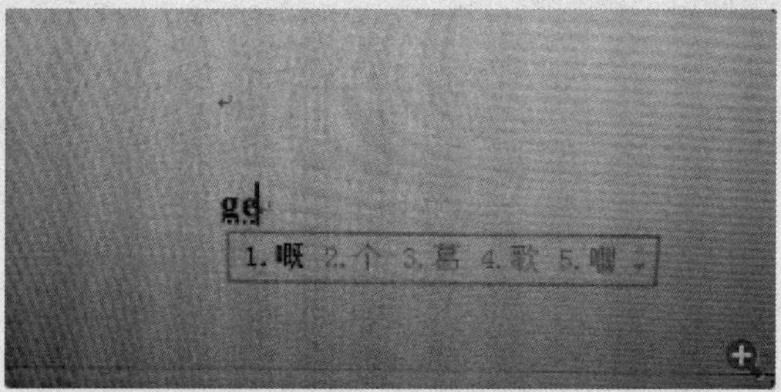

还有一些字，如果知道普通话怎么读，就可以直接输入拼音，以下是粤语常见字的普通话读音，如：嬲(niao)、谂(shen)、佢(qu)、嚟(li)、冇(mao)、係(xi)、喺(xi)、唔(wu)、啲(di)等。

附录B　关于粤语学习

语言学习重在多听多模仿，下面给大家推荐一些比较经典的TVB电视剧。

《珠光宝气》

主演：黎姿、蔡少芬、邵美琪、陈豪、林保怡

剧情介绍：康雅言(邵美琪饰)、康雅瞳(黎姿饰)和康雅思(蔡少芬饰)是个性不同的三姐妹，大姐康雅言是事业型，二姐康雅瞳个性比较单纯、爱情至上，三妹康雅思野心大、个性张扬，他们分别嫁入豪门，后来因为丈夫间存在着生意上的竞争，三姐妹一度反目。其中一大看点是黎姿饰演的二姐嫁给香港首富贺峰之子贺哲男(陈豪饰)，而蔡少芬饰演的三妹却嫁给了贺哲男的爸爸……

《金枝玉孽》

主演：邓萃雯、佘诗曼、黎姿、张可颐、林保怡

剧情介绍：这是一部宫斗剧，讲述的是清朝嘉庆15年皇帝后宫发生的故事。

《爱回家》

主演：刘丹、徐荣、黎诺懿、郭少芸

剧情介绍：这是一部家庭情景喜剧，共有500集。语言非常贴近生活实际，适合学习粤语的朋友观看。

《冲上云霄2》

主演：吴镇宇、张智霖、陈法拉、胡杏儿、吴卓羲、马国明

剧情介绍：该剧讲述的是天颂航空职员，在飞行的过程中发生的爱情故事。

除了看电视剧，平时多关注粤语新闻和广播也可以提高语言能力。关于广播节目，给大家推荐“荔枝FM”的“little car radio”频道，全程都是粤语播音，也有好听的粤语歌分享。

附录C　广东及香港地区游玩、购物推荐

游玩推荐

1. 广州的 CBD 指的是珠江新城一带，代表的建筑物有广州塔、东塔和西塔。广州塔有 5 个功能区和多种游乐设施，包括 488米的世界最高观景台、高空横向摩天轮、速降体验极限游乐项目等，也包括 4 个观光大厅、悬空走廊、蜘蛛侠栈道，4D 和 3D 动感影院、中西美食、会展设施、购物商场及科普展示厅、旅游设施一应俱全。观光主要在 107 层白云观光大厅(428 米)和 108 层星空观光大厅(433.2 米)，其中 32、66、84 层是最大的观光厅。观光时间是早上 8 点到晚上 23 点。

交通：乘坐地铁 3 号线直接到广州塔站 B 口出。

票价：白云观光大厅 + 星空观光大厅门票价格，成人 150 元 / 人，学生、老人为 10 元 / 人，生日时凭身份证可减免到 7 元 / 人。身高 1.2 米以下儿童免票；身高 1.2~1.5 米儿童，优惠价为 100 元 / 人。

广州塔，昵称“小蛮腰”，其观光区有 3 个区域，从低到高分别是 C、D、E 区，一般人都会选择 E 区，因为 E 区是观光最高层，同时还可以进入到 C、D 两个观光区参观，但 C 或 D 区门票不能进入 E 区。C 区最矮，门票价格 50 元；D 区现在只接受团队预订，门市不卖票；E 区为观光层中最高，门票价格 150 元。

需要注意的是，取票后需两小时内登塔，否则门票会自动失效。

相比收取门票的广州塔，西塔也可以让您饱览珠江景色，而且是

免费的。您需要先上 70 层的四季酒店大堂，再由此上到 79 层，就可以俯瞰珠江景色了。珠江是广州的母亲河，夜游珠江可以看到很美的夜景。

2. 越秀区和荔湾区是广州的老城区，越秀区因越秀山而得名，这个区汇聚了多处文物古迹——五羊石像、镇海楼、千年古道北京路、中山纪念堂、石室圣心大教堂、西汉南越王博物馆等。中山纪念堂，就是孙中山纪念碑，上面刻着孙中山的遗嘱。

圣心大教堂建于 1861 年，由法国设计师设计，中国工匠建造，可以与法国巴黎圣母院相媲美，也是全球全石结构哥特式建筑之一。

西关大屋是具有广州本土建筑特色的地方，“西关”是明清时期广州的商贸区，现在称为荔湾区。

荔湾区有“上下九”步行街，有很多小吃，还有文玩城、珠宝批发商城，喜欢文玩的朋友可以在这里“行足一日”。

荔湾区除了西关大屋外，在巷子里推着车子卖牛杂的本地人也是一大“特色”，他们更多的只是在自家门口炖着卖，如果是冬天，吃上一碗萝卜面筋牛杂是一件非常幸福的事情。

广州长隆位于番禺区，有水上乐园和香江动物园，据说有“亚洲最大水上乐园”之称，之前电影《爸爸去哪儿》中放了一张香江动物园的照片，电影栏目组就在这里取景。

3. 港澳不仅是美食天堂，更是玩乐与购物的天堂。香港游玩的地方，如大屿山、黄大仙、迪士尼和维多利亚港等都为大家熟知，这里特别推荐摩天轮，它位于中环海滨长廊上，高 60 米，约 20 层楼高，2014 年才正式启用，旁边就是置地广场和太子大厦购物商场，游玩行程安排上比较方便。摩天轮成人门票每张 100 元港币，残疾人士、12 岁以下儿童、全职学生和老年乘客每张门票 70 元港币，另设有包厢价钱，2 ～ 3 人为 500 港币，4 ～ 8 人为 800 港币，并且设有 Wi-Fi 无线网络。

购物推荐

太古汇，是位于广州市天河区天河路与天河东路交汇处的一个国际优质综合发展项目，整个项目包括一座大型购物中心、两栋甲级写字楼，以及广州首间文华东方酒店，集休闲娱乐、商贸活动和文化欣赏于一身，在广州是最高端的综合购物商城。万菱汇就在太古汇对面，属于中端购物场所。

高端购物：置地广场、太子大厦(中环)

它们是连为一体的商城，是全球奢侈品的集聚地，也常有明星去此商城的餐厅用餐，里面的兰德马克餐厅(café landmark)，据说张柏芝常去，这家餐厅环境、菜品都不错，菜系是西餐，也有下午茶。

中端购物：海港城、新港中心(尖沙咀)

海港城和新港中心离得非常近，海港城是香港占地面积最大的购物商城，聚集了世界各大时装品牌、化妆品、钟表、影音器材，还有儿童、用品、服装等。这里也有美食快餐，非常便捷。

普通购物：时代广场、利园商场、世贸中心、金百利商场(铜锣湾)

铜锣湾有很多日本服装，有“小东京”之称。时代广场里面香港本土品牌最多,10 ～ 13 层有多很多香港美食。世贸中心经常有品牌做折扣活动。

附录D 关于美食

食在广州，这句话的确名不虚传，来到广州，早茶、糖水是要品尝的。饮早茶是一种文化，它不只是喝茶，也包括吃点心。豉汁蒸凤爪、梅子蒸排骨、肠粉、虾饺等都是大家所熟悉的“广东特色”。知道猪脚姜的人可能不是太多，它是由猪脚、子姜、鸡蛋加甜醋煲出来的，按广东风俗，产妇生了孩子，家里人就煲猪脚姜，具有补血功效，是女人的美容养颜食品。而饮早茶，则“广州酒家”最具代表性。

糖水是颇具广东特色的吃食，最有代表性的有双皮奶、姜埋奶、红豆沙、百合莲子糖水等等。

双皮奶，是由牛奶和鸡蛋清炖出来的，呈凝固状。姜埋奶，也称姜撞奶，是由新鲜牛奶加姜汁碰撞而形成的凝固状，具有止咳驱寒的功效，这里的牛奶温度一定要在 80℃ ～ 85℃之间，太高或者太低都会影响口感。现在外面很多甜品店都有这两道甜品，但是都是冲剂冲出来的，而最正宗的要数顺德大良的“仁信”和广州番禺沙湾镇的“沁芳园”。

提到广州特产，莲香楼有百年历史之久，在广州有多家分店，香港九龙也有。其中比较有代表的还是在上下九，莲蓉月饼、莲蓉包、豉油鸡、龙凤饼、嫁女饼、鸡仔饼、杏仁饼、老婆饼等是特色，外地朋友如果来旅游，带上莲香楼的“手信”回去可是很有面子的。

附录E 珠三角及港澳地区著名大学

广州地区

1. 广州大学，简称“广大”，是广东省和广州市重点建设的综合性大学，教育部、财政部“国培计划”9 所实施高校之一，学校已发展成为一所拥有哲学、经济学、法学、教育学、文学、历史学、理学、工学、管理学、艺术学等十大学科门类，是在国内外具有一定知名度的综合性研究教学型大学。

2. 暨南大学

暨南大学是中国第一所由国家创办的华侨学府，是中国第一所招收外国留学生的大学，将近一半学生来自海外，是全国境外生最多的大学，也是中国国际化程度最高的大学。

3. 广州医科大学

广州医科大学，创办于 1958 年，位于广州市越秀区东风西路 195 号，是一所以医学为优势和特色，开展博士、硕士、本科多层次人才培养的全日制高等医科院校。2013 年 1 月，广州医学院正式更名为“广州医科大学”。

4. 华南理工大学

华南理工大学，创立于1952年全国高等学校院系调整时期，位于广州市。其前身为孙中山于1924年创立的国立广东大学。华南理工大学是教育部直属的全国重点大学，也是纳入211工程及985工程的大学。

另外，广州大学城总体规划建设于2003年1月正式启动，目前里面的学校包括中山大学、华南理工大学、华南师范大学、广东外语外贸大学、广州中医药大学、广东工业大学、广东药学院、广州大学、星海音乐学院、广州美术学院等。

香港特别行政区

1. 香港大学

香港大学于1910年3月30日正式注册成立，是香港历史最悠久的大学，由于殖民地的特殊性，香港大学自创校以来始终采用英语教学，其学术研究可与欧美无缝对接、良性互动。

2. 香港中文大学

香港中文大学，成立于1963年，打破了大英帝国殖民地近500年来只允许一所高等学府存在的铁律，双语教学，成功终结英文垄断官方语言地位的局面。

3. 香港理工大学

香港理工大学，成立于1937年，该校锐意培育既拥有专业知识和独立思考能力，又具备良好沟通技巧及广阔视野的毕业生。

4. 香港科技大学

香港科技大学，成立于1991年，是一所国际性的研究型大学，与环球思想领袖及内地均有紧密联系。大学提倡跨学科研究，致力于教育培养复合型人才，赋予他们创业和创新的思维，以应对当前的社会所需。

5. 香港浸会大学

香港浸会大学1956年创校，在课堂学习外，亦重视学生在思维、文化、社交和体育方面的锻炼，锐意培养他们成为未来的领袖。

澳门特别行政区

澳门是一个国际自由港，是世界人口密度最高的地区之一，也是世界四大赌城之一。地方很小，除了赌城、大三巴(澳门)牌坊，就是威尼斯酒店了，这酒店集购物、休闲为一体，是室内游玩的好去处。

1. 澳门大学

澳门大学，1981年3月28日创立的私立东亚大学，是澳门第一所现代大学。澳门大学前身由香港、澳门、东南亚等地的知名人士资助开办，位于澳门氹仔岛，在教学、研究和社群服务领域均取得卓越的贡献，并已发展成为澳门本土最优秀的国际化、综合性公立大学。澳门大学培养学生数万人，一直提倡中国圣贤的五种美德典范——“仁、义、礼、知、信”，服务于社会各界。

2. 澳门理工学院

澳门理工学院，成立于1991年9月16日，是一所公立综合性高等教育机构，其前身为私立东亚大学理工学院。总部位于澳门新口岸高美士街。

3. 澳门旅游学院

澳门旅游学院，成立于1995年，是旅游业及酒店业学校的前身，位于澳门望厦山，是培训澳门以至亚太地区旅游业专才的公立高等教育机构。澳门旅游学院是由澳门特别行政区政府开办的唯一一所提供旅游或酒店管理学士学位课程的高等教育机构。2008年，获澳门特别行政区政府授予的旅游功绩勋章。

4. 澳门科技大学

澳门科技大学，成立于2000年，是澳门回归后成立的第一所私立大学，开设课程可颁授博士、硕士、学士及高等专科学位与学历证书，也是澳门特别行政区规模最大的大学，占地面积居澳门高校之首，大学主校区位于澳门氹仔伟龙马路。

5. 澳门镜湖护理学院

澳门镜湖护理学院是镜湖医院慈善会属下机构，由创办于1923年的镜湖护士助产学校发展而成。